STORI EDITH

KATHY KACER

Addasiad

EIGRA LEWIS ROBERTS

Gomer

I Edith Schwalb Gelbard, gwraig wrol a chlodwiw
I Gabi a Jake â chariad, fel bob amser

Lluniau ar t. 5, 9, 10, 11, 12, 13, 26, 35 a 80 trwy ganiatâd USHMM – The United States Holocaust Museum.

Nid yw'r safbwyntiau a geir yn y llyfr hwn a'r cyd-destun y defnyddir y delweddau o angenrhaid yn adlewyrchu safbwyntiau na pholisïau Amgueddfa Goffa'r Holocost, UDA, (USHMM) nac yn awgrymu y'u cymeradwyir ganddi.

Gwnaed pob ymdrech i gael caniatâd pob deiliad hawlfraint i ddefnyddio'r deunydd a welir yn y llyfr. Dymuna'r cyhoeddwyr ymddiheuro am unrhyw wybodaeth nas cydnabuwyd a byddem yn falch o dderbyn gwybodaeth neu gywiriadau y gellid eu cynnwys mewn adargraffiadau o'r llyfr yn y dyfodol.

Teitl gwreiddiol: *Hiding Edith*

Cyhoeddwyd trwy ganiatâd Second Story Press, Toronto, Ontario, Canada.

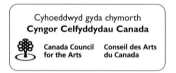

Cyhoeddwyd gyda chymorth
Cyngor Celfyddydau Canada

Canada Council   Conseil des Arts
for the Arts   du Canada

Argraffiad Cymraeg cyntaf – 2008

ISBN 978 1 84323 854 6

Dymuna'r cyhoeddwyr gydnabod cymorth Cyngor Llyfrau Cymru.

CYNGOR LLYFRAU CYMRU
WELSH BOOKS COUNCIL

Argraffwyd yng Nghymru gan Wasg Gomer, Llandysul, Ceredigion.

Rhagair

Yn 1933, daeth y Natsïaid, o dan arweiniad Adolf Hitler, i rym yn yr Almaen. Unben creulon oedd Hitler, un a gredai fod yr Almaenwyr yn perthyn i hil uwchraddol. Ei nod oedd cael gwared ar bobl a ystyriai ef yn 'israddol', yn arbennig yr Iddewon. Bu hefyd yn erlid y Roma (a elwid yn 'Sipsiwn' bryd hynny), rhai anabl, a phawb oedd yn anghytuno ag ef. Ei fwriad pennaf oedd gorchfygu Ewrop – ac yna'r holl fyd.

Ar Fawrth 12, 1938, rhoddodd ei gynllun ar waith trwy wneud cyrch ar Fienna, prifddinas Awstria. Ym mis Medi 1939, llwyddodd yr Almaen i oresgyn Gwlad Pwyl, a dyna ddechrau'r Ail Ryfel Byd. Cyn y rhyfel, roedd cymunedau Iddewig ledled Ewrop yn gryf o ran nifer, ac yn llawn brwdfrydedd. Roedd ganddynt lawer o ysgolion Iddewig, llyfrgelloedd, synagogau, ac amgueddfeydd. Cymerai'r Iddewon ran flaenllaw ym mywyd diwylliannol holl wledydd cyfandir Ewrop, fel cyfansoddwyr, llenorion, athletwyr, a gwyddonwyr. Ond daeth y rhyfel â rheolau a gwaharddiadau yn ei sgil i ddinasyddion Iddewig. Dygwyd tiroedd oddi arnynt. Ni châi Iddewon fynychu prifysgolion a cholegau, caent eu gwahardd rhag dilyn sawl proffesiwn, ac fe'u gorfodwyd i wisgo'r Seren Dafydd felen ar eu dillad. Cafodd Iddewon eu cam-drin,

Seren Dafydd gyda'r gair Ffrangeg am Iddew (Juif) wedi'i argraffu arni.

5

Henri Phillipe Pétain

eu harestio, ac aed â'u busnesau oddi arnynt. Yn ddiweddarach byddent yn cael eu hanfon i wneud gwaith gorfodol mewn carchardai a gwersylloedd crynhoi. Yno, caent eu llwgu, eu poenydio, a'u lladd. Erbyn i'r Ail Ryfel Byd ddod i ben yn 1945, tybir bod mwy na chwe miliwn o Iddewon wedi marw neu wedi cael eu lladd dan ddwylo Adolf Hitler a'i fyddinoedd o Natsïaid.

Fel yr oedd y rhyfel yn gwasgu ar yr Iddewon ar hyd a lled Ewrop, dihangodd llawer rhag erledigaeth Adolf Hitler, gan ffoi'n orffwyll o un wlad i'r llall yn chwilio am le diogel. Pan oresgynnodd yr Almaen ogledd Ffrainc, ceisiodd rhai Iddewon loches yn ne'r wlad honno, a elwid yn 'rhanbarth rhydd'. Roedd llywodraeth y rhanbarth rhydd, o dan arweiniad y Marsial Henri Phillipe Pétain, wedi'i lleoli yn nhref Vichy yn ne Ffrainc.

Roedd llywodraeth Vichy yn awyddus i gael perthynas dda gyda Hitler, ac yn cydweithio â'r Natsïaid i erlid yr Iddewon, gan obeithio y byddent hwythau'n eu tro'n elwa'n ffafriol ar hynny. Cafodd yr Iddewon oedd wedi ffoi i dde Ffrainc i geisio diogelwch eu harestio a'u rhoi yng ngofal y Natsïaid i'w hanfon i'r gwersylloedd crynhoi. O'r 75,000 o Iddewon a anfonwyd i'r gwersylloedd, dim ond tua 2,500 oedd yn dal yn fyw ar ddiwedd y rhyfel.

Wrth i fyddinoedd Hitler oresgyn un wlad ar ôl y llall gan godi braw ar y trigolion a chwilota am Iddewon, prin iawn oedd y mannau diogel. Oherwydd eu hanobaith, a'u pryder ynghylch diogelwch eu plant a hwy eu hunain, gorfodwyd llawer o rieni i ddod i benderfyniad torcalonnus, sef dod o hyd i rai a fyddai'n barod i roi lloches i'w plant.

Cafodd plant Iddewig eu cuddio mewn lleiandai, ffermdai unig, ysgolion preswyl a chartrefi plant amddifaid. Bu sawl teulu o

Gristnogion yn ddigon dewr i roi cartref iddynt, er eu bod yn mentro'u bywydau wrth wneud hynny.

Math gwahanol o guddio oedd hwn. Yn aml iawn, byddai'r plant Iddewig yn byw'n agored, gan fabwysiadu enwau newydd a gorffennol ffug – ble cawson nhw eu geni, faint o frodyr a chwiorydd oedd ganddynt, pwy oedd eu rhieni, a hyd yn oed eu mamiaith. Roedd gofyn iddynt fod ar eu gwyliadwriaeth bob eiliad, bod yn ofalus wrth wneud ffrindiau a hyd yn oed wrth ateb cwestiynau oedd yn ymddangos yn gwbl ddiniwed. Byddai amryw ohonynt yn mynychu capel ac eglwys, gan gadw'u ffydd Iddewig yn gudd, a dysgu arferion a defodau dieithr. Bob amser yn ofnus, bob amser yn barod i symud ymlaen pan fyddai perygl yn bygwth, dyma'u hunig obaith o gadw'n fyw.

Llwyddodd miloedd o blant Iddewig i oroesi'r rhyfel trwy guddio fel hyn. Un ohonynt oedd Edith Schwalb. Yn llawn ofnau, symudai o le i le, gan gelu'i hunaniaeth a'i ffydd. Ei stori ryfeddol hi yw hon.

Edith Schwalb

Mai 1938
Fienna, Awstria

'Rho dy droed gora'n flaena, Edith,' mynnodd Tada. 'Fe fydd dy fam wedi paratoi cinio poeth ar ein cyfer ni. Dydan ni ddim eisiau bod yn hwyr, yn nag ydan?'

Gafaelodd Edith yn dynn yn llaw ei thad. Ond roedd gan Tada gamau mor fawr fel ei bod hi'n gorfod trotian i geisio dal i fyny. Rhoddodd hwb i'w bag ysgol a chanolbwyntio ar osgoi'r tyrfaoedd o bobl oedd yn heidio o'i chwmpas. Rhuthrai dynion a merched i bob cyfeiriad, yn grwnan fel gwenyn anferth. Canai ceir eu cyrn yn ddiamynedd wrth i gerddwyr wibio i ganol y traffig. Tywynnai'r haul ar gorun Edith, ac ysai ar y munud am gael oedi i deimlo'i belydrau cynnes ar ei hwyneb bach.

Roedd Fienna ym mis Mai yn ferw o flodau ac adar, arogleuon a synau. Agorwyd drysau'r tai bwyta er mwyn denu cwsmeriaid i mewn. Canmolai gwerthwyr stryd eu nwyddau – hufen iâ melys a siocled i dynnu dŵr o ddannedd – a masnachwyr eraill eu dewis helaeth o bapurau newydd a chylchgronau. Roedd ffenestri'r siopau'n llawn o ddillad haf lliwgar a'r ddinas wedi deffro drwyddi, fel arth ar ôl trymgwsg y gaeaf. Ac Edith eisiau gweld popeth. Ond roedd gorfod dal i fyny â Tada yn golygu na allai oedi.

Roedd y diwrnod yn un mor braf a'r ddinas mor fywiog fel mai prin y bu i Edith roi eiliad i feddwl am yr ofnau oedd yn cynyddu bob dydd. Pa mor ifanc bynnag oedd rhywun, allech chi ddim byw yn Fienna yn 1938 heb sylweddoli fod Awstria'n dod yn lle peryglus.

Ddeufis ynghynt, roedd yr Almaen wedi ymosod a milwyr y Natsïaid wedi gorymdeithio trwy strydoedd Fienna. Tyrrodd y dinasyddion yno i floeddio hwrê a chwifio baneri wedi'u haddurno â'r swastica, arwydd byddin y Natsïaid. Ond nid oedd teulu o Iddewon fel un Edith yn bloeddio hwrê, dim ond sibrwd enw Adolf Hitler yn llawn dychryn. Hitler oedd arweinydd yr Almaen Natsïaidd, un oedd yn casáu'r Iddewon. Mynnai ef eu bod yn fudr, yn farus, ac yn beryglus. Gelynion yr Almaen oedd yr Iddewon, meddai, ac roedd yn rhaid eu hatal. Addawodd i bobl Awstria y caent well bywyd unwaith y byddent wedi cael gwared ar yr Iddewon i gyd. A bellach roedd ei gefnogwyr mewn awdurdod yn Awstria, ac yn awyddus i gosbi unrhyw un oedd o waed Iddewig. Roedden nhw'n rhwystro'r Iddewon rhag gwneud y pethau arferol, fel mynd i barciau a meysydd chwarae, a hyd yn oed i rai siopau. Cafodd cwmnïau busnes Iddewig eu gorfodi i gau neu gael eu meddiannu gan gefnogwyr y Natsïaid.

Ers i'r helyntion ddechrau, byddai Tada, oherwydd ei bryder ynglŷn â diogelwch Edith, yn dod i'w chyfarfod o'r ysgol bob dydd.

Ysgydwodd Edith ei phen. Nid oedd eisiau meddwl am hynny ar hyn o bryd. P'un bynnag, roedd hi bron â llwgu. Byddai'r ysgol wastad yn codi eisiau bwyd arni. Roedd ei stumog yn rymblan a hithau'n dyheu am ei chinio.

'Helô, Herr Schwalb,' galwodd dyn wrth fynd heibio, gan godi ei law ar dad Edith, a thorri ar draws ei meddyliau. 'Gêm ardderchog neithiwr. Roedd eich gôl olaf chi'n un arbennig iawn.'

Un o arwyddion y Natsïaid ar ffenestr tŷ bwyta yn Fienna yn hysbysu'r cyhoedd nad oes yno groeso i Iddewon

Gwenodd Tada a chodi'i law yntau, ond heb arafu'i gamau. Roedd Edith wedi hen arfer â chael dieithriaid yn cyfarch ei thad, yn ysgwyd ei law, a'i gofleidio hyd yn oed. Gwyddai pobl Fienna, dinas oedd wedi gwirioni ar ei chwaraeon a'i chwarewyr gorau, am ei allu fel pêl-droediwr. Prin y byddai Tada'n sylwi ar y clod, ond roedd Edith wrth ei bodd.

'Dacw'r tram,' gwaeddodd Tada. 'Tyd, Edith, i ffwrdd â ni.'

Gwasgodd law ei ferch yn dynnach fyth. Rhedodd y ddau ar draws y groesfan brysur a neidio ar y tram agored. Cythrodd Tada am y canllaw wrth i hwnnw honcian ymlaen. Nythodd Edith yng nghesail ei thad. Roedd hi'n mwynhau sefyll yn y tram fel hyn. A Tada'n gafael amdani, teimlai'n ddiogel braf, hyd yn oed pan fyddai'r tram yn ysgytio ac yn siglo. Chwythai'r gwynt ei gwallt brown cwta ar draws ei hwyneb. Cododd ei llaw i gyffwrdd y rhuban gwyn yr oedd Mutti, ei mam, wedi'i glymu ynddo'r bore hwnnw.

'Engerthstrasse!' bloeddiodd y casglwr tocynnau rai munudau'n ddiweddarach. 'Gwyliwch y stepen wrth adael.'

Neidiodd Tada i lawr yn rhwydd a throi i ddal ei ferch. Gwenodd Edith wrth iddi estyn am ei law, a glanio'n ysgafn ar y palmant. *Dim ond un bloc i'w gerdded ac mi ga' i fwyta*, meddyliodd.

Tram wedi'i addurno â'r swastica, emblem byddin y Natsïaid, ac arwydd mawr yn cyhoeddi cyfarfod i gefnogi meddiannu Awstria

Iddewon yn cael eu gorfodi i sgwrio palmant yn Awstria, a milwyr y Natsïaid yn eu gwylio

Dyna'r peth olaf aeth drwy'i meddwl cyn i'r milwyr eu hamgylchynu.

'Gestapo! Papurau, os gwelwch yn dda.'

Camodd gŵr tal, sarrug yr olwg, o flaen Edith a'i thad, gan ddal ei law allan. Rhewodd Edith. Gwyddai am y Gestapo, yr heddlu arbennig oedd yn gweithredu ar orchymyn Hitler, ac am eu creulondeb tuag at yr Iddewon. Dim ond wythnos ynghynt, roedd un o swyddogion y Gestapo wedi rhoi curfa i dad ei ffrind wrth iddo ddychwelyd o'i waith.

'Doedd 'Nhad ddim ond yn cerdded am adref yn meindio'i fusnes ei hun,' meddai Marta. 'Ond pan ofynnon nhw iddo fo am ei bapurau a gweld mai Iddew oedd o, dyna nhw'n ei ddyrnu yn ei stumog ac yn ei adael yn gorwedd ar y ffordd.'

Meddwl am dad Marta yr oedd Edith wrth i Tada roi ei law ym mhoced ei gôt ac estyn ei bapurau adnabod.

Cythrodd y swyddog am y papurau, a rhythu ar y J enfawr ar y dudalen gyntaf. 'Juden! Iddew!' mwmiodd, heb brin edrych ar Edith a'i thad.

'Oes 'na ryw broblem, syr?' holodd Tada, gan dynnu'i het yn foesgar wrth iddo gyfarch y swyddog.

11

Edrychodd y dyn i fyny am y tro cyntaf. Roedd yna'r fath ddirmyg ar ei wyneb! Ni welsai Edith erioed gymaint o gasineb, ac roedd hynny'n ei dychryn. Ond daeth newid sydyn dros y swyddog wrth iddo syllu ar ei thad. Trodd yr atgasedd yn syndod ac meddai,

'Herr Schwalb! Wnes i mo'ch nabod chi. Ernst ydw i. Rydan ni wedi chwarae pêl-droed gyda'n gilydd. Rydw i'n ffan mawr ohonoch chi.' Roedd y dyn yn gwenu erbyn hyn.

Arhosodd Tada yn ddigyffro. 'Be sy'n digwydd yma, Ernst? Oes 'na broblem?'

Pwyntiodd Ernst at ran o'r stryd lle'r oedd hen ŵr barfog a'i wraig yn pwyso ar ei gilydd, ynghyd â sawl un arall, wedi'u hamgylchynu gan filwyr a oedd yn eu gwarchod â gynnau. 'Rydan ni wedi casglu'r

Iddewon at ei gilydd a'u harestio'n barod i'w holi,' meddai. 'Fe rown ni nhw drwy'r felin cyn eu hanfon adref – dysgu gwers iddyn nhw.' Safai geneth tua'r un oed ag Edith yn y grŵp. Cyfarfu eu llygaid am eiliad. Roedd yr eneth yn ymddangos yn ddiym-adferth ac wedi dychryn am ei bywyd. Trodd Edith ei phen draw ar unwaith.

Craffodd Ernst ar eu papurau. Yna sythodd ac edrych o'i gwmpas. Wedi gwneud yn siŵr nad oedd neb yn gwylio, gwyrodd ymlaen a gostwng ei lais.

'Ewch o Fienna, Herr Schwalb,' sibrydodd wrth dad Edith.

Arwydd ar ddrws busnes Iddewig yn Fienna – 'Dim un geiniog i'r Iddewon'

'Dydw i ddim yn dea . . .' cagiodd Tada.

'Ewch ar unwaith!' Gwthiodd y swyddog y dogfennau i ddwylo Tada. 'Gestapo! Papurau, os gwelwch yn dda,' rhuodd wrth y rhai oedd yn dilyn. Symudodd Edith a'i thad i ffwrdd yn gyflym.

'Be oedd y dyn 'na'n 'i feddwl, Tada?' holodd Edith pan oedd ei thad a hithau allan o glyw. 'Be ydan ni fod i'w neud?'

'Bydd ddistaw!' atebodd ei thad, mor frathog nes codi braw ar Edith. Yna syllodd i lawr arni a rhoi ei law ar ei hysgwydd, gan wenu'n brudd. 'Mae'n ddrwg gen i, 'nghariad i,' meddai. 'Fe gawn ni drafod hyn ar ôl cyrraedd adref.'

∽

'Does yna ddim amser i'w golli,' meddai Tada, wedi iddo adrodd yr hanes wrth fam Edith. 'Rydw i'n cynnig ein bod ni'n pacio ac yn gadael. Y munud yma.'

'Sut allwn ni adael popeth?' cwynodd Mutti. 'Ein cartref, dy fusnes di – mae'n amhosibl!'

'Ond mae'n rhaid i ni,' mynnodd Tada. 'Mae teuluoedd Iddewig wedi cael eu cipio o'u cartrefi. A phwy ŵyr be sydd wedi digwydd iddyn nhw.' Closiodd Tada at ei wraig. 'Fe allen ni fod wedi cael ein harestio heddiw, Magdalena. Fyddai Edith a minnau ddim yma oni

Arwydd ar bolyn teleffon – 'Nid oes croeso i Iddewon yma'

13

bai i Ernst fy nabod i. Pa werth fyddai'r busnes pe bawn i yn y carchar? Pa werth fyddai'r tŷ heb deulu? Mae'n rhaid i ni adael.'

Safai Edith yn y cyntedd gyda'i chwaer, Therese, yn gwrando ar sgwrs ei rhieni. 'Ydan ni'n gadael o ddifri, Therese?' sibrydodd.

Plethodd Therese ei braich yn warchodol am ysgwydd ei chwaer. 'Paid â phoeni, Edith,' meddai, gan geisio swnio'n hyderus. 'Fe fydd

Edith a'i theulu

14

popeth yn iawn.' Er ei bod dair blynedd yn hŷn nag Edith, roedd Therese yn ymddangos yn fechan ac yn ansicr iawn.

Daeth Mutti drwodd o'r ystafell eistedd. 'Dowch, ferched,' meddai. 'Fe glywsoch chi beth ddwedodd eich tad. Mae 'na antur yn ein haros ni, a chymaint i'w wneud mewn cyn lleied o amser.'

Cyn pen dwyawr, roedd Mutti wedi llenwi bagiau bach â dillad a bwyd. Byddai cesys mawr yn tynnu gormod o sylw ar y stryd. Bu Edith a Therese yn helpu, trwy gasglu eu sgertiau, blowsys a siwmperi i Mutti eu pacio. Gwibiai pawb o gwmpas, heb brin air rhyngddynt. Anghofiwyd popeth am ginio. Roedd y chwant bwyd wedi cilio o stumog Edith, ac ansicrwydd a thristwch wedi cymryd ei le.

Roedden nhw'n barod o'r diwedd. 'Dewis un peth o dy stafell i fynd efo chdi, Edith,' meddai Mutti.

Un peth, meddyliodd Edith wrth iddi edrych o gwmpas ei hystafell am y tro olaf. *Un peth allan o'r holl deganau hardd, y llyfrau, a'r ffrogiau.* Yn y diwedd, dewisodd ddol fach oedd wedi bod ganddi ers iddi gael ei geni, anrheg gan ei hoff ewythr, David. Sophie oedd enw'r ddol. Er bod ei dillad yn hen ac wedi treulio mewn mannau, a'i bod wedi colli'r rhan fwyaf o'i gwallt dros y blynyddoedd, hon oedd trysor pennaf Edith.

Roedd y diwrnod hyfryd wedi troi'n hunllef, a chalon Edith yn teimlo'n oer ac yn wag. Cydiodd yn dynn yn Therese wrth i'r teulu gerdded i ffwrdd o'u cartref, heb wybod pryd, os byth, y bydden nhw'n dychwelyd yno.

Mai 1940
Gwlad Belg

Cafodd Edith ei deffro o gwsg trwm gan sŵn curo ffyrnig ar y drws. Tynnodd y blancedi i fyny at ei gên a swatio'n nes at Therese yn y gwely soffa yr oedden nhw'n ei rannu. Efallai mai dim ond rhan o'i breuddwyd oedd y dyrnu. Ond eiliadau'n ddiweddarach, ailddechreuodd y curo.

'Agorwch y drws,' arthiodd llais dig.

Nid breuddwyd mo hon. Roedd Tada wrth y drws mewn eiliad, wedi taro'i ŵn nos dros ei byjamas ac yn tynnu'i law'n nerfus drwy'i wallt blêr.

Safai Mutti wrth ei sodlau. 'Paid ag ateb,' sibrydodd. Ond rhoddodd Tada ochenaid ddofn ac agor y drws.

Daeth tri swyddog wedi'u gwisgo yn lifrai heddlu Gwlad Belg i mewn i'r ystafell fechan. Roedd dau ohonynt yn cario gynnau. Camodd y trydydd ymlaen a sefyll o fewn ychydig fodfeddi i Tada.

'Chaim Schwalb?' gofynnodd yn fygythiol.

'Ia,' atebodd Tada'n dawel. Hyd yn oed yn wyneb y perygl amlwg hwn, ni fynnai Tada ddangos ofn.

Eisteddodd Edith i fyny yn y gwely a rhwbio'i llygaid, i weld ei thad yn sefyll drwyn wrth drwyn â'r swyddog. 'Be ydach chi ei eisiau, syr?' holodd Tada'n gwrtais.

'Rydan ni yma i'ch restio chi,' brathodd y plismon. 'Mae pob gŵr Iddewig i gael ei gymryd i mewn i'w holi.' Poerodd y gair Iddewig allan fel petai'n wenwyn. 'Pum munud i wisgo.'

16

Rhieni Edith, Magdalena a Chaim Schwab

Nodiodd Tada. Roedd fel petai wedi bod yn disgwyl hyn. Arweiniodd Mutti i'r un ystafell wely fach yng nghefn y fflat. Dilynodd Edith a Therese hwy ar unwaith a chau'r drws.

'Rydw i'n siŵr nad oes achos poeni,' meddai Tada. 'Mi fydda i'n ôl adref cyn pen dim.' Ond gafaelodd mewn pentwr o siwmperi a'u gwisgo un ar ben y llall fel petai'n disgwyl bod i ffwrdd am beth amser ac am wneud yn sicr ei fod yn gallu cadw'n gynnes.

'Fe ddylen ni fod wedi gadael,' sibrydodd Mutti. 'Fe ddylen ni fod wedi sylweddoli pan ymosododd Hitler ar Wlad Belg y byddai'r milwyr yn dod i chwilio am Iddewon yn hwyr neu'n hwyrach. Yn union fel digwyddodd pethau yn Awstria.'

Gwasgodd Edith ei dwylo dros ei chlustiau. Nid oedd eisiau clywed hyn. Nid oedd eisiau teimlo mor ofnus eto. Y tro diwethaf iddi brofi'r arswyd hwn oedd pan fu i'w theulu ffoi o Fienna. Cymerodd wythnos a rhagor iddynt gyrraedd ffin Gwlad Belg, siwrnai erchyll o geir a thryciau a cherdded diddiwedd, yn y nos gan amlaf. Roedden nhw wedi teithio trwy'r goedwig yn bennaf, gan fentro allan i'r ffyrdd i gael eu cario gan ffermwr a âi heibio pan wyddai Tada fod hynny'n beth diogel i'w wneud. Roedd yn cadw'i lygaid yn agored bob amser. Oedden nhw'n cael eu dilyn? Oedd rhywun yn amau mai teulu o Iddewon oedden nhw?'

Edith, ei rhieni, Therese a Gaston yng Ngwlad Belg, 1940

Sut y gwyddai Tada ble i fynd a phwy i ymddiried ynddo? Ni fu i Edith erioed ofyn y cwestiwn, dim ond gwylio'n dawel bach wrth i Tada roi arian i ddynion dieithr, a hwythau'n pwyntio wedyn i ryw gyfeiriad amhendant. Byddai ei thad yn nodio a'r teulu'n symud ymlaen, a siaced Edith yn cloncian yn erbyn ei chlun â phob cam a gymerai. Cyn iddynt adael Fienna, roedd Mutti wedi gwnïo bag bach yn leinin y siaced. Rhoddodd y cyfan o'u harian ynddo, gan ychwanegu ei chadwen o berlau, modrwy ruddem, broitsh ifori ac ychydig o lwyau arian. 'Cym' di ofal o'r siaced, Edith,' rhybuddiodd Mutti. 'Fe fyddwn ni angen arian i fyw.'

Y rhan amlaf, byddai'r teulu'n cysgu yn ystod y dydd mewn adeiladau ffermydd a adawyd yn wag, gan ddod allan wedi iddi dywyllu i barhau â'u taith. Ond un diwrnod, methodd Tada gael lle diogel iddynt gysgu. Roedd yr haul eisoes yn machludo ac nid oedd ganddynt ddewis ond holi am lety. O gysgod y coed, gwyliodd Edith a'r lleill Tada'n curo ar ddrws bwthyn bychan, yn tynnu ei het, ac yn siarad â'r ffermwr. Yna amneidiodd ar Mutti. Heb ddweud gair, gwthiodd ei llaw i leinin siaced Edith a thynnu'r gadwen berlau allan yn ofalus. Rhoddodd Tada'r gadwen i'r ffermwr. Pwyntiodd yntau i gyfeiriad yr ysgubor cyn cau drws y bwthyn. Roedd cario eiddo gwerthfawr y teulu'n gyfrifoldeb enfawr, ac yn gwneud i Edith deimlo'n falch ar waetha'r ofn.

Er yr arswyd a deimlai Edith yn ystod y daith honno, roedd wedi ymddiried yn Tada i gadw'r teulu'n ddiogel. A dyna oedd o wedi'i wneud. Hyd yn hyn. Ond wrth iddi ei wylio'n casglu ychydig bethau ar gyfer y carchar, teimlodd arswyd newydd yn ei llethu. Ciledrychodd ar Therese, oedd yn dal Gaston, ei brawd bach a aned yn fuan wedi iddynt gyrraedd Brwsel, yn ei breichiau. Roedd hyd yn oed Gaston fel petai'n deall pa mor ddifrifol oedd y sefyllfa – ei lygaid fel dwy leuad lawn a'i ddwylo bach wedi'u gwasgu'n ddyrnau.

'Brysia, Iddew!' gwaeddodd y milwr. Rhedodd Mutti i'r gegin, cipio bara a salami, a'u rhoi yn nwylo Tada. 'Cym' hwn. Rhaid i ti gadw dy nerth,' meddai. 'Fe ga' i di'n rhydd, rydw i'n addo.' Chwarddodd y milwyr a gwthio Tada allan drwy'r drws o'u blaenau.

Yno yn y fflat, ni symudodd neb. Câi Edith hi'n anodd anadlu. Be oedd yn digwydd? Onid oedd Brwsel yn heidio o deuluoedd Iddewig fel un Edith? Roedd hwn i fod yn lle diogel. Roedd bywyd i fod yn normal yma. A dyna sut roedd pethau wedi bod. Cawsai Edith a Therese fynd i'r ysgol, a llwyddodd Tada i gael gwaith yn tynnu lluniau teuluoedd ar gyfer achlysuron arbennig. Er nad oedd hynny'n talu fawr, roedd yn ddigon i brynu bwyd ac i glirio rhent y fflat. Cysgai Mutti, Tada, a Gaston yn yr ystafell wely fach a rhannai Edith a Therese y gwely soffa yn yr ystafell fyw. Roedden nhw i gyd wedi cysgu'n braf – nes i'r Natsïaid oresgyn Gwlad Belg hefyd. Wedi hynny, ni allodd yr un Iddew gysgu'n dawel, a gwyddai Edith fod ei theulu mewn perygl unwaith eto.

Dechreuodd Mutti ruthro o gwmpas y fflat, gan gasglu rhagor o ddillad i Tada. Yna rhoddodd ei llaw o dan fatres y gwely soffa ac estyn swp bychan o arian allan. Pan symudodd y teulu i'r fflat, cafodd y bag oedd yn cynnwys y pethau gwerthfawr ei dynnu o leinin siaced Edith. 'Fydd dim rhaid i ti ei gario fo rŵan, Edith,' meddai Tada gan chwerthin. 'Fe gei di gysgu arno fo!'

Gwthiodd Mutti yr arian i'w phwrs. 'Mi fydda i'n ôl cyn gynted ag y galla i.'

'Be ydach chi'n mynd i' neud?' holodd Therese.

Ysgydwodd Mutti ei phen. 'Wn i ddim, ond arian sy'n cyfri. Mi bryna i ryddid Tada.' Roedd golwg benderfynol arni. Cusanodd y tri ar eu pennau. Tynnodd ei llaw dros foch Edith a gadael i'w bysedd oedi yno am eiliad. 'Arhoswch i mewn, ac efo'ch gilydd,' meddai. 'Therese, ti sy'n gyfrifol.' Yna agorodd Mutti'r drws a gadael y fflat.

'Be sy'n mynd i ddigwydd, Therese?' holodd Edith.

'Mi fydd pob dim yn iawn. Mae Mutti'n tu hwnt o glyfar. Mae hi'n siŵr o allu gneud rhywbeth.' Roedd Therese yn un ar ddeg oed, wedi tyfu i fyny fwy neu lai, ac fe ddylai hi wybod, meddyliodd Edith. Ond roedd Therese wedi bod mor dawedog a difrifol yn ystod y ddwy flynedd ddiwethaf fel nad oedd Edith yn siŵr a allai Mutti helpu Tada.

Sodrodd Edith ei hun wrth y drws, gan wrando am sŵn traed cyfarwydd ar y grisiau. 'Tyd, Edith,' erfyniodd Therese. 'Mi wna i de i ni ac fe gawn ni ddarllen efo'n gilydd.' Ond ysgydwodd Edith ei phen. Pan glywodd sŵn y drws ffrynt yn agor o'r diwedd, rhuthrodd i'r cyntedd. Mutti oedd yno – ond roedd hi ar ei phen ei hun.

'Mi ro i gynnig arall arni fory,' eglurodd Mutti. 'Awn ni ddim i sôn rhagor am y peth.'

Bu Edith yn troi a throsi am oriau'r noson honno. Pan syrthiodd i gysgu ymhen hir a hwyr, breuddwydiodd fod y teulu'n cerdded trwy'r goedwig eto. 'Rho dy droed gora'n flaena, Edith,' galwodd Tada o'r tywyllwch.

Roedd y cerdded hwnnw'n ymddangos yn ddiderfyn wrth iddi ymlwybro trwy'r goedwig gan geisio dal i fyny, ei siaced yn taro ac yn clecian yn erbyn ei choesau i gyd-fynd â'i chamau. 'Tada, mi dw i mor flinedig. Mae 'nghoesau i'n brifo,' cwynodd. O'r diwedd, a hithau'n teimlo na allai fynd gam ymhellach, cododd Tada hi'n uchel ar ei ysgwyddau. Plethodd ei dwylo o dan ên ei thad a gorffwyso'i boch ar ei ben.

Yn sydyn, newidiodd ei breuddwyd. Er ei bod hi'n dal yn y goedwig, roedd milwyr y Natsïaid yn awr ar eu sodlau. 'Rhed, Edith!' Swniai llais Tada'n gras ac yn daer. Roedd ei choesau bach yn brifo, a'i hysgyfaint fel petai ar ffrwydro. Gwthiodd Tada ei deulu ymlaen gan sefyll rhygddynt a'r milwyr. Trodd Edith i edrych yn ôl ond doedd dim golwg o'i thad. Tada! Tada!

Saethodd Edith ar ei heistedd yn y gwely. Glynai chwys wrth ei thalcen a churai ei chalon fel gordd. Oedd hi wedi sgrechian? Dim posib ei bod hi – dyna lle'r oedd Therese yn dal i gysgu. Ac eto roedd y freuddwyd mor real! Roedd Tada wedi diflannu ac Edith ar ei phen ei hun. Anadlodd yn ddwfn. Dim ond breuddwyd oedd hi. Fe ddeuai Tada'n ôl, ond iddyn nhw aros. Roedd yn rhaid iddi gredu hynny.

Cododd y teulu'n gynnar fore trannoeth, gwisgo, a bwyta brecwast mewn tawelwch. Yna gadawodd Mutti'r fflat. Therese oedd i ofalu am Edith a Gaston. Darllenodd Edith gyda'i chwaer a chwarae'n ddistaw bach â Gaston, gan wylio'r drws yn bryderus a gweddïo y byddai Tada gyda Mutti pan ddychwelai adref.

Atebwyd ei gweddi ar y trydydd diwrnod.

'Tada!' gwaeddodd Edith, gan ei thaflu ei hun i freichiau'i thad. Gwyrodd yntau i gofleidio'r plant. Edrychai'n welw a blinedig.

'Be ddigwyddodd i chi, Tada?' holodd Edith. 'Ddaru'r milwyr eich brifo chi? Sut cawsoch chi Tada'n rhydd, Mutti?' Dim ond ysgwyd ei ben wnaeth ei thad.

Y cyfan ddwedodd Mutti oedd, 'Mi ddwedais i wrthoch chi mai

arian sy'n cyfri. Mae'n dda o beth dy fod ti wedi cadw'n trysorau ni'n ddiogel, Edith.'

Gwenodd Edith o glust i glust, ond ni pharhaodd ei hapusrwydd yn hir. Estynnodd Therese baned o de i Tada a derbyniodd yntau hi'n ddiolchgar. Yna meddai, 'Rhaid i ni adael Gwlad Belg. Fory nesa.'

Nid oedd hynny'n syndod i Edith. Gwyddai fod ei thad wedi bod yn lwcus i gael ei ryddid. Byddai'n rhaid i'r teulu ddiflannu rhag blaen, cyn iddo gael ei arestio eto.

'I ble'r awn ni?' gofynnodd Therese. 'Oes 'na unrhyw le diogel i Iddewon?' Roedd un wlad ar ôl y llall wedi syrthio i ddwylo'r Natsïaid, nid Gwlad Belg yn unig ond Gwlad Pwyl, Hwngari, Denmarc, Sbaen a'r Eidal. I ble allen nhw fynd?

'Ffrainc,' meddai Tada. 'Mi ges i wybod gan rai o'r dynion yn y carchar fod y Groes Goch yma ym Mrwsel yn helpu Iddewon i groesi'r ffin i Ffrainc.'

'Mae'r Natsïaid eisoes ym Mharis ac yn y gogledd, ond mae yna ranbarth rhydd yn y de. Mae'n ddiogel yno . . . meddan nhw.' Plygodd Mutti ei phen, i geisio cuddio'i hansicrwydd.

'Mi fyddwn ni'n iawn,' meddai Tada. 'Rydan ni wedi bod yn iawn hyd yn hyn, yn do, diolch i'ch mutti glyfar chi?'

Trodd Edith ei phen draw. Doedd hi ddim yn teimlo'n iawn o gwbwl. Y cyfan oedd gan ei rhieni i'w gynnig oedd cysuron brau. Ac roedd hi wedi cael hen ddigon ar ffoi. P'un bynnag, os nad oedd Gwlad Belg yn ddiogel, oni fyddai pethau yr un fath yn ne Ffrainc?

'Dowch, bawb,' meddai Tada. 'Rhaid i ni bacio, a chael ychydig o gwsg. Fe fydd fory'n ddiwrnod hir.' Pwysodd ymlaen i gusanu Edith yn dyner ar ei dwy foch, ac yna gwnaeth yr un peth i Therese a Gaston.

Y peth olaf wnaeth Mutti'r min nos hwnnw oedd estyn gweddill yr eiddo gwerthfawr o'u cuddfan o dan y fatres. Byddent yn cael eu gwnïo i leinin siaced Edith unwaith eto.

Yn ddiweddarach y noson honno, dringodd Edith i'r gwely a'i meddwl yn corddi. *Efallai y bydd Ffrainc yn ddiogel. Efallai y gallwn ni roi'r gorau i ffoi. Efallai y bydd y rhyfel drosodd yn fuan.* Swatiodd yn nes at Therese gan ddylyfu gên. *Efallai y daw Therese i wenu eto.*

Chwefror 1943
Beaumont-de-Lomagne, Ffrainc

'Brysia, Edith,' galwodd Therese yn ddiamynedd. 'Rhed! Mi fyddwn ni'n hwyr i'r ysgol.'

Mae pobol wedi bod yn dweud wrtha i am frysio gydol fy mywyd, meddyliodd Edith, gan gymryd arni nad oedd yn gwrando. Roedd hi wedi cael llond bol ar ddianc, o Fienna i ddechrau, ac yna o Wlad Belg. Pan ddaethon nhw yma i dde Ffrainc ddwy flynedd yn ôl, roedd Mutti wedi galw'r lle yn 'rhanbarth rhydd'. Ond doedd o ddim yn rhydd o ddifri. Credai'r Arlywydd Pétain y gallai gael gwell triniaeth i'w bobl drwy gyd-fynd â pholisïau'r Natsïaid ac erlid yr Iddewon. Cawsai cwmnïau ac eiddo Iddewig eu trosglwyddo i'r Natsïaid. Collodd Iddewon eu gwaith ac ni chaent fynediad i lawer o siopau na bod allan ar y strydoedd liw nos. Er hynny, bu'r teulu'n ddiogel yma yn nhref fach Beaumont-de-Lomagne. Ond erbyn diwedd 1942 roedd Hitler wedi meddiannu de Ffrainc hefyd, a dechreuwyd arestio dynion Iddewig.

Am y canfed tro, ceisiodd Edith ddychmygu be oedd wedi digwydd i'w thad. Y cyfan a wyddai oedd ei fod wedi mynd. Daeth milwyr i ddyrnu'r drws yn hwyr un noson, yn union fel y gwnaethon nhw yng Ngwlad Belg. Erfyniodd Mutti ar y milwyr i beidio arestio Tada. Safai Therese ac Edith y tu ôl iddi, yn gafael am Gaston. Roedden nhw'n crynu gan ofn, ac yn beichio crio. Ond anwybyddu apêl Mutti wnaeth y milwyr, ac ni allodd Tada ond rhoi un gusan sydyn iddi cyn iddo gael ei arwain o'r tŷ.

'Dyma'r cwbwl sy'n weddill o 'nhlysau i,' meddai Mutti, gan syllu ar y fodrwy yn ei llaw. Er bod siaced Edith wedi mynd yn rhy fechan iddi ers tro byd, roedd trysorau'r teulu yn dal yn gudd yn y leinin. 'Mae gwersyll y carchar yn ddigon agos. Rydw i am geisio cael Tada'n rhydd.'

Eisteddai Edith wrth y drws ddydd ar ôl dydd, yn aros i weld ei thad yn brasgamu i fyny'r llwybr, gan alw'i henw. Ond ni ddigwyddodd hynny. Dychwelai Mutti bob dydd, yn waglaw ac ar ei phen ei hun. Byddai Edith yn ysgwyd ei phen, gan geisio cael gwared o'r tro olaf iddi weld Tada o'i meddwl. *Mi wn i y daw Tada'n ôl*, gweddïodd. *Mi wn i y cawn ni fod efo'n gilydd eto.*

'Edith, os na frysi di, mi fydda i'n d'adael di ar ôl,' galwodd Therese.

'Fedri di ddim gneud hynny!' gwaeddodd Edith. 'Mi ddweda i wrth Mutti.'

'Os na chyrhaedda i'r ysgol mewn pryd, cha i ddim cymryd y prawf er mwyn gallu symud i ddosbarth uwch. Plis, Edith. Mi daclusa i dy wely di am wythnos, dim ond i ti frysio.'

Weithiau, roedd y ffaith fod Therese yn ddisgybl mor alluog yn gwneud i Edith deimlo'n ddig. Er eu bod wedi symud mor aml ac wedi colli cymaint o waith ysgol, roedd Therese yn ysgubo trwy'i gwersi, tra oedd Edith yn gorfod ymdrechu mor galed fel nad oedd hi'n malio dim am gyrraedd yr ysgol mewn pryd.

'Be wyt ti am fod ar ôl tyfu i fyny, Therese? Rwyt ti'n ddigon clyfar i fod yn gyfreithiwr neu'n beiriannydd. Neu'n athrawes, er mwyn gallu gwneud yr ysgol yn fwy o hwyl i rai fel fi.'

Dilynodd y genethod y llwybr oedd yn troelli i fyny'r llechwedd trwy strydoedd culion Beaumont-de-Lomagne.

Gwthiodd Therese ei gwallt coch, cyrliog yn ôl. Roedd hi wedi etifeddu hwnnw, a'i chroen golau, llyfn, gan Mutti; gwnâi'r naill a'r llall i Edith deimlo'n genfigennus. 'Be ydi diben meddwl am y dyfodol,' meddai Therese yn flin. 'Rydan ni'n lwcus ein bod ni'n dal i gael mynd i'r ysgol.'

Roedd hynny'n wir. Gwyddai Edith fod plant Iddewig mewn mannau eraill wedi'u gwahardd rhag cael addysg. Ond ochneidio wnaeth hi er hynny. 'Mi wyt ti mor ddiflas, Therese. Mi fydda i wastad yn meddwl be ydw i am fod pan fydd y rhyfel drosodd.'

''Dwyt ti ddim o ddifri, Edith? Fydd y rhyfel byth drosodd.'

'Sut medri di ddeud hynny?'

'Am 'i fod o'n wir,' arthiodd Therese. 'Am nad oes dim byd da wedi digwydd i ni, nac yn mynd i ddigwydd chwaith.'

'Dw i ddim am wrando arnat ti,' meddai Edith. 'Fe ddaw'r rhyfel i ben ac fe ddaw Tada adref.'

'Bydd ddistaw! Rho'r gorau i glebran,' mynnodd Therese. 'Mi wyddost yn iawn fod Iddewon sydd wedi'u restio yn cael eu hanfon i wersylloedd crynhoi. Fe ddwedodd Mutti hynny wrthon ni.'

Trodd Edith ei phen draw. Gwyddai am y gwersylloedd crynhoi, llefydd erchyll lle roedd carcharorion yn cael eu poenydio a'u lladd.

'Rhaid i ti wynebu'r gwir, Edith. Dyna lle mae Tada ar hyn o bryd mae'n debyg. Anghofia am y dyfodol. Mi dw i wedi blino gwrando ar dy ddychmygion gwirion di.'

Chwythodd gwynt oer drwy siaced Edith a chipio'r sgarff oddi ar ei phen. Sut y gallai Therese feddwl am eiliad na fyddai Tada'n dod adref? Ac nid breuddwydiwr mohoni hi, Edith. Methu rhoi'r gorau i obeithio yr oedd hi. Ond roedd Therese wedi stormio i ffwrdd i ymuno â'i ffrind, Ida, ychydig bellter i ffwrdd. Siaradai Therese ac Ida mewn sibrydion, er nad oedd neb o gwmpas. Aeth Edith yn nes atynt er mwyn clustfeinio ar eu cyfrinach.

'Wyt ti wedi clywed?' holodd Ida. 'Mae rhagor o Iddewon wedi'u restio.'

'Ond maen nhw eisoes wedi mynd â'r dynion i gyd,' sibrydodd Therese. 'Wyt ti'n meddwl eu bod nhw am fynd â ninnau hefyd?'

'Wn i ddim. Ond dydi Mam ddim am fentro rhagor.' Gostyngodd Ida ei llais yn is fyth a bu'n rhaid i Edith ymdrechu i'w chlywed. 'Rydw i'n gadael.'

'Yn gadael! I ble?' gwaeddodd Edith.

'Sh . . .' Gwgodd Ida a Therese.

'Lle wyt ti'n mynd?' sibrydodd Edith y tro hwn.

'Mae Mam yn gwybod am le, yn Moissac, tref i'r gogledd o'r fan yma. Sgowtiaid Iddewig Ffrainc sy'n gofalu am y tŷ, ac mae o i fod yn lle diogel.'

Sgowtiaid Iddewig o'r Éclaireurs Israélites de France (Sgowtiaid Iddewig Ffrainc) yn eistedd ar lethr bryn. Dyma'r mudiad oedd yn rhoi arian i gynnal y tŷ yn Moissac

'Ond os ydi pethau'n beryglus yma, fyddan nhw ddim yr un mor beryglus yno?' holodd Therese.

Ysgydwodd Ida ei phen. 'Na. Maen nhw wedi bod yn derbyn plant Iddewig yno ers rhai blynyddoedd ac yn gwybod sut i'n gwarchod ni.'

'Pwy ydyn nhw?' gofynnodd Edith.

'Shatta Simon a'i gŵr, Bouli. Nhw sy'n rhedeg y lle. Gwranda, Therese, mae gofyn i dy fam fynd i siarad efo Shatta i gael gwybod rhagor. Ond cym' di 'ngair i, mae'n rhaid i ni neud rhywbeth neu ni fydd yn cael ein restio nesa.'

Roedd pen Edith yn troi. Nid oedd eisiau dianc eto. Y cyfan oedd hi ei eisiau oedd aros mewn un lle, gyda'i theulu. Roedd gorfod ffoi drwy'r amser, dim ond am mai Iddewon oedden nhw, yn beth hollol wallgof.

Chwythodd pwff arall o wynt oer yn erbyn wyneb Edith. Tynnodd ei sgarff yn ôl dros ei phen. Gafaelodd Therese yn ei llaw a'i gwasgu, i'w chysuro.

'Dydan ni ddim yn mynd i orfod gadael eto, yn nag ydan, Therese?' gofynnodd.

Anadlodd Therese yn ddwfn. 'Paid â meddwl am hynny rŵan, Edith,' atebodd. 'Fe gawn ni siarad efo Mutti ar ôl yr ysgol.'

Y Penderfyniad

Ar ôl swper, dywedodd Mutti ei bod wedi dod i benderfyniad. Er syndod i'r merched, roedd hi eisoes yn gwybod am y tŷ yn Moissac.

'Rydw i wedi bod yn ystyried hyn ers peth amser ac wedi ceisio meddwl sut i ddweud wrthoch chi,' eglurodd Mutti. 'Efallai ei fod yn beth da eich bod chi wedi dod i wybod am y tŷ ohonoch eich hunain. Ro'n i'n sylweddoli er pan ddechreuodd yr arestio y byddai'n rhaid i ni adael a chwilio am le mwy diogel.'

Daliodd Edith ei hanadl. Nid oedd eisiau credu'r hyn oedd hi'n ei glywed.

'P'un bynnag, does 'na ddim arian yn weddill,' ychwanegodd Mutti. 'A dydi hi ddim yn bosibl i mi ofalu amdanon ni i gyd. Mae teuluoedd yn y dref nesaf wedi cytuno i gymryd Therese a minnau. Fe fyddi di a Gaston yn mynd i Moissac.'

'Ond dydw i ddim eisiau mynd,' llefodd Edith. Doedd Mutti erioed yn bwriadu ei hanfon hi i ffwrdd? 'Wna i ddim mynd, Mutti. Dwedwch wrtha i y ca' i aros efo chi. Plis.' Syllodd Edith o'i chwmpas yn wyllt, ond roedd Therese yn osgoi edrych arni. Eisteddai Gaston, yn dawel a di-ffrwt, yn tynnu llun ar ddarn o bapur.

'Rydw i wedi ceisio meddwl am ffordd arall, Edith, ond dyma'r unig ateb,' meddai Mutti'n bendant.

'Ond os ydan ni i gyd yn gadael, sut bydd Tada'n gwybod lle byddwn ni pan ddaw o'n ôl? Mae'n rhaid i ni fod yma'n disgwyl amdano fo.' Gwyddai Edith ei bod yn cydio mewn gwelltyn, ond roedd hi eisiau aros yma yn fwy na dim yn y byd.

Ni ddaeth unrhyw ymateb oddi wrth Mutti.

'Ond pam na allwn ni fynd i rywle arall efo'n gilydd?' Nid oedd Edith am ildio. 'Neu pam na chaiff Therese fynd i Moissac?'

Mwythodd Mutti foch Edith. Roedd y blynyddoedd o ffoi wedi dweud ar Mutti, ôl straen a blinder ar ei hwyneb prydferth, a'r wên fyddai bob amser yn goleuo'i llygaid wedi pylu. 'Rydw i wedi ceisio dod o hyd i le i ni i gyd, Edith. Cred fi, rydw i wedi gwneud popeth alla i. Ond pwy sy'n mynd i roi lloches i fam a thri o blant ifanc? Neb! Os ydi pobol yn cael eu dal yn helpu'r Iddewon, fe gân nhw eu restio i'n canlyn ni. Rydw i'n lwcus 'mod i wedi dod o hyd i le i Therese. Mae hi'n ddigon hen i weithio a thalu'i ffordd.'

'Mi fedra i weithio, Mutti,' mynnodd Edith. 'Rydw i'n gryf, ac yn gyflym. Mi fedra i wneud unrhyw beth all Therese ei wneud.'

Ceisiodd Mutti gofleidio'i merch, ond gwthiodd Edith hi draw.

'Dydach chi ddim yn fy ngharu i!' gwaeddodd Edith. 'Mae'n well ganddoch chi Therese na fi. Dyna pam mae hi'n cael aros efo chi. Dyna pam yr ydach chi'n fy ngyrru i i ffwrdd. Fyddai Tada ddim yn fy ngyrru i i ffwrdd.'

Dechreuodd Edith feichio crio a chwifio'i breichiau'n wyllt. Gafaelodd Mutti ynddi a phlethu'i dwy fraich amdani. Yn raddol trodd yr wylo'n snwffian a'r snwffian yn dawelwch wrth i Mutti ei siglo'n ôl a blaen.

Tynnodd Mutti ei llaw dros wallt Edith a sibrwd, 'Rydw i'n gwneud hyn oherwydd fy mod i'n dy garu di gymaint. Mi fyddai'n dda gen innau petai Tada yma. Mi fyddai'n dda gen i petai popeth yn wahanol. Ond rydw i am i ti ddeall fy mod i'n ceisio gwneud be sydd orau i bob un ohonon ni. Fe ddo i draw i'r tŷ yn Moissac efo Gaston a tithau unwaith y bydd popeth wedi'i setlo.'

Mawrth 1943
Gadael Mutti

'Mae pawb yma yn Moissac yn gwybod mai Iddewon ydan ni. Mae'r dref i gyd yn cadw'n cyfrinach ni'n ddiogel!'

Ni allai Edith gredu'i chlustiau. Roedd hyd yn oed Gaston, a eisteddai wrth ei hochr yn gafael yn dynn yn y bag bach oedd yn cynnwys ei ddillad, fel petai'n deall fod rhywbeth rhyfeddol yn cael ei ddweud.

'Os gwelwch chi'n dda, Madame Simon,' meddai Mutti, 'wnewch chi egluro i mi eto sut yr ydach chi'n gallu cadw'r plant yn ddiogel?'

'Galwch fi'n Shatta. Dyna mae pawb yn fy ngalw i. Un teulu ydan ni yma,' meddai'r rheolwraig yn glên. 'Rydan ni wedi bod yn gwarchod plant Iddewig yn y tŷ hwn ers 1939, ac mewn tai tebyg i hwn ar hyd a lled Ffrainc. Mae'r plant yn dod o sawl gwlad – Ffrainc, Gwlad Belg, hyd yn oed o'r Almaen. Maen nhw i gyd wedi cael eu gwahanu oddi wrth eu rhieni. Fel y gweli di, Edith, 'mach i, dwyt ti ddim ar dy ben dy hun.'

Nid oedd Edith yn rhy siŵr a oedd hi'n hoffi cael ei galw'n ''mach i' gan y wraig ddieithr hon a eisteddai y tu ôl i'r ddesg fawr bren. Dynes ifanc yn ei thridegau cynnar, gyda gwallt du tonnog a llygaid tywyll, oedd Shatta Simon. Er ei bod hi'n fawr ac yn bwysig yr olwg, roedd ganddi wên garedig, ac nid oedd ar Edith ei hofn.

'Mae plant yn dod aton ni wedi i'w rhieni gael eu cymryd i ffwrdd – i garchar neu wersyll crynhoi. Mewn sawl achos, wyddon ni ddim be sydd wedi digwydd i'w rhieni. Weithiau, fe fydd rhieni fel chi, Mrs

Schwalb, sy'n ofni cael eu restio, yn dod â'u plant yma i fod yn ddiogel.'

Trodd Edith ei phen draw. Roedd y ffaith eu bod nhw wedi mynd â Tada i ffwrdd yn ddigon drwg. Ni allai oddef meddwl y gallai Mutti hefyd gael ei restio. P'un bynnag, byddai Mutti'n dychwelyd yma i'w nôl. Roedd yn rhaid iddi.

'Rydan ni'n cael arian gan Sgowtiaid Iddewig Ffrainc,' ychwanegodd Shatta, 'ac yn derbyn arwyddair y mudiad Sgowtio: byddwch barod, a helpwch eich cymydog.'

Ni wyddai Edith fawr am y Sgowtiaid. Er bod yna Sgowtiaid yn Awstria, roedden nhw'n hŷn na Therese hyd yn oed. Ac ni chlywsai erioed am Sgowtiaid Iddewig.

'Ar waetha'r hyn mae'r Natsïaid yn ei wneud, mae'r Sgowtiaid Iddewig yn fudiad cryf,' meddai Shatta wedyn. 'Fydden ni ddim yn gallu dod i ben heb eu help nhw. Ond yn bwysicach efallai, rydan ni wedi sefydlu perthynas dda efo pobol Moissac.' Gwyrodd Shatta ymlaen a gwenu ar Edith. 'Mae'r maer yn ffrind i ni, ac yn ein gwarchod, fel mae trigolion y dref yn ei wneud.'

Oedd hynny'n bosibl? Oedd pobol Moissac, hyd yn oed y maer, yn mentro'u bywydau er mwyn helpu eu cymdogion Iddewig? Gan fod y rhan fwyaf o bobol yn rhy ofnus i helpu'r Iddewon, roedd hyn yn newydd syfrdanol. A ddylai Edith deimlo rhyddhad, ynteu amau a oedd Shatta'n dweud y gwir?

Y llyfrgell
yn Moissac

30

Shatta a Bouli Simon

'Fe fydd yn rhaid i chi fy nhrystio i,' meddai Shatta, fel petai'n gallu darllen meddwl Edith. Ond ni wyddai Edith pwy i'w drystio. Roedd Mutti'n ei hanfon i ffwrdd a theimlai Edith mai dyna'r brad mwyaf o'r cwbwl. A gwraig hollol ddieithr oedd Shatta, un oedd wedi datgelu cyfrinach y plant i holl ddieithriaid eraill y dref. Oedd hi'n bosibl ymddiried ynddyn nhw? A fyddai hyd yn oed blant Moissac yn cadw'r gyfrinach? Nid oedd dim yn gwneud unrhyw synnwyr.

'Dowch, Edith, Gaston,' meddai Shatta. 'Mae'n bryd ffarwelio. Fe aiff un o'r gweithwyr â chi i'ch ystafelloedd.'

Lapiodd Gaston ei freichiau am wddw Mutti, gan frwydro i gadw'r dagrau'n ôl wrth iddi sibrwd yn ei glust a thynnu'i llaw dros ei ben. Yna cusanodd Mutti Edith ar ei dwy foch. 'Mi ddo i i'ch gweld chi pan alla i,' meddai, gan geisio rheoli'r cryndod yn ei llais. 'Bydd yn eneth dda.'

Ni allai Edith ddweud gair; nid oedd dim i'w ddweud. Dechreuodd feichio crio ym mreichiau'i mam. Er ei bod yn deall pam fod Mutti'n

31

ei gadael, roedd hi'n torri'i chalon. O'r diwedd, tynnodd Mutti ei hun yn rhydd o afael Edith ac edrych yn ddwfn i'w llygaid. 'Cofia pwy wyt ti,' meddai. Y munud nesaf, roedd hi wedi mynd.

Rhwbiodd Edith ei dagrau â chefn ei llaw; nid oedd am i Shatta ei gweld yn crio. Roedd yn rhaid iddi fod yn gryf. Ond roedd Shatta wedi colli cyfri o'r troeon y bu'n dyst i'r ffarwelio. Gwyddai pa mor boenus oedd hynny, i'r plant ac i'w rhieni. Estynnodd hances boced i Edith gan ddweud, 'Mae'n mynd i gymryd amser i ti i ddod i arfer efo ni, Edith. Dydw i ddim am gymryd arna y bydd hynny'n beth hawdd. Ond mae'n plant ni'n cryfhau o dan ein gofal, fel Sgowtiaid dewr. Fe fyddi di'n ddiogel yma, ac fe ddoi di i ddygymod. Ac rydw i'n gobeithio y gwnei di'r gorau ohoni.' A gyda hynny, arweiniodd Edith allan o'r ystafell.

Cyfarfod Sarah

Gan gario'i chês bach, dilynodd Edith Shatta i fyny'r grisiau, ar hyd cyntedd hir, ac i mewn i ystafell gysgu olau gyda deg gwely'n wynebu'i gilydd mewn dwy res daclus.

'Hwn fydd dy un di,' meddai Shatta, gan bwyntio at wely wrth y ffenestr. 'Wedi i ti ddabacio fe gei di roi dy bethau ar y silff yma. Mae'r merched wrthi'n brysur efo'u gweithgareddau fin nos, ond fe fyddan nhw'n ôl cyn pen dim. Mae'r toiled a'r ystafell gawod ym mhen draw'r coridor. Os byddi di angen rhywbeth, fe fydda i yn fy swyddfa. Cysga'n dawel, Edith. Mi wela i di yn y bore.'

Gollyngodd Edith ei hun ar y gwely. Brathodd ei gwefus, ond gallodd ddal heb grio. Roedd hi wedi crio cymaint yn ystod y dyddiau diwethaf fel mai prin bod yna un deigryn yn weddill.

Cododd ei chês ar y gwely a'i agor. Ar adegau fel hyn byddai'n hiraethu am Sophie, ond aethai'r ddol ar goll rywdro yn ystod yr holl symud. Er bod Mutti wedi cynnig prynu dol arall iddi, ni fyddai hynny 'run peth. P'un bynnag, roedd hi'n dal i gael cysur o siarad efo Sophie.

'Ti ydi'r unig un sy'n gwybod sut ydw i'n teimlo o ddifri,' sibrydodd Edith, gan ei dychmygu ei hun yn mwytho'r ddol. 'Mae arna i ofn, Sophie. Does gen i neb y galla i siarad efo hi, a neb i rannu'r pethau yr ydw i'n eu cofio.' Caeodd ei llygaid, gan geisio cofio Fienna, a Tada'n aros amdani ar ôl yr ysgol. Gwnaeth ymdrech i'w hatgoffa ei hun o wyneb ei thad ac o'r wên arbennig a gadwai ar ei chyfer hi'n unig. Hiraethai am gael bod yn ôl ym Mrwsel, neu hyd yn oed Beaumont-de-Lomagne, yn darllen storïau efo Therese neu'n gwrando

33

ar y gerddoriaeth y byddai Mutti'n ei chwarae ar y chwaraewr recordiau. Ceisiodd droi rhai o'r atgofion yn ddarluniau. Sut oedd Tada'n edrych yn ei ddillad pêl-droed? Sut un oedd y ffrog a wisgai Mutti pan fyddai'n mynd i'r opera? Be oedd enwau'i doliau? Ond roedd yr atgofion yn rhy frau ac yn torri fel edau wedi treulio.

Newydd roi ei siwmper ar y silff yr oedd hi pan glywodd sŵn traed a lleisiau'n nesu. Rhuthrodd criw o ferched i'r ystafell gan bwffian chwerthin a phwnio'i gilydd yn chwareus. Ond peidiodd hynny pan welsant Edith.

'Helô.' Daeth un o'r merched at Edith ac estyn ei llaw iddi. Ysgydwodd Edith ei llaw yn ddifrifol iawn. 'Sarah Kupfer ydw i,' meddai'r eneth. 'Edith Schwalb wyt ti, yntê? Fe ddwedodd Shatta wrthon ni dy fod ti'n cyrraedd heddiw. Mi wyt ti wedi cael y gwely nesa ata i.' Roedd gan Sarah lygaid glas tlws a gwallt hir, melyn. A gwên gynnes, gyfeillgar hefyd. Wrth i'r merched eu cyflwyno eu hunain fesul un, teimlai Edith yn falch eu bod yn gwybod pwy oedd hi. Roedd eu bod nhw'n ymddangos yn glên yn rhoi peth cysur iddi. Roedden nhw hyd yn oed yn ymddangos yn hapus. Nid oedd hynny'n gwneud unrhyw synnwyr. Cawsai'r genethod hyn i gyd eu gwahanu oddi wrth eu teuluoedd, ac eto roedden nhw i'w gweld mor siriol!

'Wn i ddim ble mae fy mam i,' meddai Sarah, wrth iddi helpu Edith i wthio'i chês o dan y gwely. 'Mae hi a 'mrawd i wedi mynd i guddio, rhywle yn y dwyrain. Fe aethon nhw â 'nhad i ffwrdd. Wyddon ni ddim i ble.'

'Dyna ddigwyddodd i 'nheulu i hefyd!' eglurodd Edith. 'Ond mai fy chwaer i sydd efo Mam. Mae 'mrawd bach i yma.'

Nodiodd Sarah. 'Rhywbeth yn debyg ydi hanes pawb. Dyna sy'n ein gwneud ni'n deulu yma.'

'Dyna'n union be ddwedodd Shatta.'

'Mae Shatta'n werth y byd,' meddai Sarah yn frwd. 'Er ei bod hi'n eitha llym, fel cadfridog yn cadw trefn arnon ni i gyd, mae hi'n garedig iawn, ac yn glyfar iawn hefyd. Hi sy'n rhedeg y lle 'ma ac yn trefnu'r gweithgareddau i gyd. Aros di nes byddi di wedi cyfarfod Bouli, ei gŵr hi. Mae o fel tad i bawb. Ond cym' di ofal – mi fydd o'n mynnu rhoi diferion i fyny dy drwyn di er mwyn cadw pob germ draw.' Crychodd Sarah ei thrwyn a chwerthin, 'Ac os gwêl o dy benelinau di ar y bwrdd amser bwyd, mi fydd yn dyrnu'r bwrdd er mwyn dysgu manars i ti. Ond paid â phoeni,' ychwanegodd, gan sylwi ar yr olwg ofnus ar wyneb Edith. 'Mae o'n annwyl iawn.'

Roedd nifer o enethod wedi dechrau canu mewn cornel arall o'r ystafell, a'u lleisiau'n toddi'n hyfryd. 'Mae ganddon ni gôr yma,' ychwanegodd Sarah. 'Mi gei di gyfarfod Henri, yr arweinydd. Fe fydd o eisiau i ti ymuno â'r côr. Ac mi gei di gyfarfod Germaine, ein cynghorwr ni, hefyd.'

Petrusodd Edith cyn dweud, 'Mae pawb i weld mor . . . mor hapus. Sut mae hynny'n bosib?'

'Doedd yna'r un ohonon ni'n chwerthin pan ddaethon ni yma gynta,' atebodd Sarah. 'Rydw i'n cofio crio fy hun i gysgu bob nos am wythnos. Ond meddylia am yr hyn sydd allan acw! Dyma'r lle gorau i ti fod.'

Nodiodd Edith. Allan acw roedd restio, gwaharddiadau, carchardai, a phobl oedd yn ei chasáu. Ond a allai pethau fod yn wahanol yma? A ellid credu o ddifri nad oedd y rhyfel wedi cyffwrdd â Moissac?

Grŵp o Sgowtiaid Iddewig oedd yn byw yn y tŷ yn Moissac

'Ddwedodd Shatta wrthot ti fod pobl Moissac yn gwybod mai Iddewon ydan ni?' holodd Sarah. 'Pawb – plant, y rhai hŷn, a swyddogion y dre. Fedri di gredu'r fath beth? Petai'r Natsïaid yn dod i wybod, nid ni'n unig fyddai mewn perygl, ond y dre i gyd. Dyna pam na all neb ein bradychu ni! Mae pobol Moissac yn rhyfeddol! Rydan ni i gyd yn rhannu'r un gyfrinach!' Disgleiriai wyneb Sarah o lawenydd. Y cyfan allai Edith ei wneud oedd ysgwyd ei phen mewn syndod.

Cyrhaeddodd Germaine, eu cynghorwr, fel yr oedd y merched yn paratoi i fynd i'w gwlâu.

'Rydw i wedi dod i ddiffodd y golau, ferched, ac i gyfarfod aelod newydd y teulu. Croeso, Edith,' meddai'n glên. 'Mi dw i'n siŵr dy fod ti eisoes wedi cael gwybod cryn dipyn o'r hyn wyt ti angen ei wybod gan Sarah.' Gwenodd Sarah o glust i glust. 'Fi ydi'r cynghorwr sy'n gyfrifol am yr ystafell yma. Mi helpa i di i setlo i lawr, a gwneud yn siŵr fod gen ti bopeth rwyt ti ei angen.'

Ond yr unig beth yr oedd ar Edith ei angen oedd ei theulu, ac ni allai'r ferch ifanc hon, nad oedd fawr hŷn na Therese, roi hynny iddi.

Ni allai Edith wneud mwy na nodio. Roedd hi wedi blino gormod i siarad. Cripiodd o dan ei blanced ac estyn am ei gobennydd, gan ddal wrth un gobaith bach: *Mae pawb yma yr un fath â fi. Allan nhw ddod yn deulu i minna hefyd?* Roedd yn rhy fuan iddi wybod hynny, ond rhywfodd, hyd yn oed yn y tywyllwch yn y lle estron hwn, teimlai Edith yn ddiogel. Roedd hi'n gobeithio ac yn gweddïo y byddai pethau'n aros felly, a'r dianc yn dod i ben. Meddyliodd am Mutti a Tada gan obeithio y bydden nhw, hefyd, yn ddiogel. A dyna'r peth olaf aeth drwy'i meddwl cyn i'w llygaid gau am y nos.

Y Tŷ yn Moissac

Canodd y gloch fel yr oedd pelydrau cynta'r haul yn hidlo drwy'r ffenestr fawr. Agorodd Edith ei llygaid, ymestyn, a chodi ar ei heistedd. Ni allai gofio cael gwell cwsg! Ceisiodd ei hatal ei hun rhag meddwl am Mutti. Byddai'n rhaid iddi ganolbwyntio ar y presennol.

Roedd Sarah eisoes wrthi'n tacluso'i gwely, yn plygu'r flanced yn ofalus dros y cynfasau ac yn ysgwyd ei gobennydd. 'Bore da,' meddai. 'Wedi i ti dacluso dy wely, mi a' i â ti i'r ystafell ymolchi.'

Roedd rhes o sinciau yn erbyn un o waliau'r ystafell ymolchi, gyda lliain yn hongian wrth bob basn a chwpwrdd bach uwchben bob un. Rhoddodd Edith ei brws dannedd a'i chrib mewn cwpwrdd gwag. Tasgodd ddŵr cynnes dros ei hwyneb, a'i sgwrio'n galed â gwlanen a darn o sebon i gael gwared ar y baw. O boptu iddi, sgwrsiai'r merched â'i gilydd wrth iddynt ymolchi. Ar y ffordd yn ôl i'w hystafell, cyfarchodd Sarah nifer o ferched a bechgyn o ystafelloedd eraill a'u cyflwyno i Edith.

'Helô, Suzanne,' meddai. 'Bore da, Eric. Helô, Eve. Edith Schwalb ydi hon. Newydd gyrraedd mae hi.'

Roedd hyd yn oed Ida, oedd wedi sôn wrth Therese ac Edith am Moissac, yno i'w chroesawu hi. 'Mi dw i'n falch dy fod ti wedi llwyddo i ddod yma,' meddai Ida.

Arhosodd pob un ohonynt i ddweud helô ac i roi croeso i Edith. Roedd pawb yn gyfeillgar ac yn gwenu wrth ei chyfarch. Dyna be oedd cychwyn braf i'w diwrnod cyntaf.

Yn ôl yn eu hystafell, gwisgodd y merched yn gyflym cyn dechrau ar eu tasgau. Roedd gwaith ar gyfer pawb. Ysgubodd un eneth y llawr efo'r brws llawr mawr oedd yn cael ei gadw y tu ôl i'r drws; gafaelodd Sarah mewn clwt a dechrau tynnu llwch oddi ar silff ffenestr a ffrâm gwely; gosododd rhywun y gwlâu mewn patrwm perffaith.

Daeth Germaine i mewn a gofyn, 'Sut gysgaist ti, Edith?'

Cododd Edith ei hysgwyddau. 'Yn well nag o'n i'n disgwyl.'

'Go dda. Gafael mewn clwt, reit sydyn. Gynta'n y byd y down ni i ben â'r gwaith, gynta'n y byd y cawn ni frecwast.'

Bwyd! Sylweddolodd Edith yn sydyn ei bod hi'n llwgu. Cyn iddynt adael eu cartref, roedd ei stumog yn glymau i gyd a phrin y gallai lyncu cegaid o'r cawl yr oedd Mutti wedi'i baratoi. Gwnaeth y rymblan yn ei stumog iddi frysio i afael mewn clwt a helpu Sarah i dynnu llwch.

O'r diwedd, roedd pob gorchwyl wedi'i wneud. Safodd y merched mewn rhes, yn barod i gerdded i lawr y grisiau i'r ystafell fwyta.

Pan gyrhaeddodd Edith, Sarah a'r lleill, roedd yn agos i gant o fechgyn a genethod, a'u cynghorwyr, yn eistedd wrth y byrddau. Am Gaston y meddyliai Edith. Roedd o'n aros mewn tŷ llai o faint y drws nesaf, ar gyfer y plant iau. Byddai'n galw i'w weld gynted y gallai.

'Hwn ydi'r bwrdd ar gyfer ein stafell ni,' meddai Sarah. 'Ond rydw i am i ti gyfarfod Bouli'n gynta.' Arweiniodd Edith at ŵr tal, tenau oedd yn sefyll i un ochr, yn siarad â rhai o'r plant.

'Bouli,' meddai Sarah, gan roi plwc i'w gôt. 'Dyma Edith Schwalb.'

Syllodd Bouli Simon yn graff ar Edith drwy'i sbectol ffrâm ddu. Yn reddfol, gafaelodd Edith yn ei thrwyn. *Roi di ddim diferion i fyny 'nhrwyn i*, meddyliodd. Ond gwenu wnaeth Bouli. Gafaelodd yn llaw Edith a'i hysgwyd yn gynnes.

'Ah, Edith,' meddai. 'Bienvenue! Croeso. Rydan ni mor falch o'ch cael chi yma. Does 'na ddim gwell arweinydd na Sarah. Fe gewch chi wybod y cwbwl am ein trefniadau ni ganddi hi. Ond os bydd arnoch chi angen rhywbeth arall, mae Shatta a minnau yma i'ch helpu chi.'

Daeth yr olwg dadol oedd arno â lwmp i wddw Edith, ond llwyddodd i ddweud diolch sydyn cyn cymryd ei lle wrth ochr Sarah.

Roedd y brecwast yn ardderchog: uwd a hufen arno, tafelli trwchus o dost a jam, a choffi poeth, melys. Cerddai Bouli o gwmpas yr ystafell tra oedd y plant yn bwyta. Pan welai rhywun â'i benelinau ar y bwrdd, byddai'n tynnu sylw at hynny drwy daro'r bwrdd, yn union fel roedd Sarah wedi'i rhybuddio. Bob tro y deuai Bouli'n agos, byddai'r plant yn eistedd i fyny'n sydyn, ond doedd ganddyn nhw ddim o'i ofn. Roedden nhw'n gwenu arno ac yn dal ymlaen i fwyta.

Ar ôl brecwast, ymunodd Edith â'r plant o'r un oed â hi i gerdded i'r ysgol leol. Dywedodd Sarah wrthi fod y bechgyn a'r merched hŷn yn astudio yn y tŷ, un ai yn yr ystafelloedd dosbarth neu yn y gweithdai lle roedden nhw'n dysgu ffotograffiaeth, rhwymo llyfrau a gwaith coed.

Unwaith yr oedd hi allan, gallai Edith weld y cyfan o'r adeilad trillawr a'i waliau cerrig llwydion am y tro cyntaf. Safai'r tŷ ar ganol stryd a elwid yn Port à Moissac. Uwchben y drws, disgleiriai plât pres a'r rhif 18 arno yn haul cynnar y bore. Edrychodd Edith i fyny ar y ffenestri. O flaen pob ffenestr roedd balconi o haearn bwrw a dau glawr pren a phatrymau cris-croes arnynt. Tyfai coed o boptu'r stryd. Yr ochr draw i'r ffordd roedd pont fawr dros afon Tarn. Chwythai awel ysgafn o gyfeiriad yr afon. Anadlodd Edith yn ddwfn a llenwi'i hysgyfaint â'r awyr iach. Roedd hi mor hapus o gael bod allan, er ei bod yn gorfod mynd i'r ysgol.

Casglodd y plant yn barau y tu ôl i un o'r cynghorwyr. Gafaelodd Sarah yn llaw Edith a'i harwain i'w lle. Wedi i linell daclus gael ei ffurfio, cododd y cynghorwr ei llaw, ac i ffwrdd â nhw.

Ochneidiodd Edith wrth iddi gamu i mewn i'r ysgol fach. *Newid arall ar ganol blwyddyn ysgol*, meddyliodd, *a mwy o waith na fydda i'n ei ddeall!'* Roedd yr holl symud o gwmpas wedi ei gwneud yn anodd iddi ddal i fyny â'r disgyblion eraill.

'Esgusodwch fi, madame,' meddai Edith yn swil. 'Rydw i'n newydd yma.'

Craffodd Madame Beaufort ar Edith am ysbaid hir, gan grychu'i thalcen a golwg ddryslyd arni. Yna ymlaciodd, a nodio. 'O, ia! Yr eneth newydd. A be ydi'ch enw chi?'

Plant o'r tŷ yn Moissac ar eu ffordd i'r ysgol

'Edith Schwalb. Fe ddwedon nhw wrtha i am ddod i'ch gweld chi.'

'Wrth gwrs. Fe ddwedodd Shatta y byddech chi yma heddiw. Dowch, mi ddangosa i'ch desg i chi ac mi gewch chi gyfarfod rhai o'r merched eraill. Peidiwch ag edrych mor ofnus, Edith. Does 'na neb yn mynd i'ch brathu chi!'

Arweiniodd yr athrawes hi at ddesg yn nhu blaen yr ystafell. 'Fe gewch chi eistedd yn agos ata i fel y galla i'ch helpu chi os byddwch chi angen,' meddai. 'Rydw i'n deall eich bod chi wedi colli llawer iawn o ysgol y blynyddoedd diwetha 'ma. Ond peidiwch â phoeni. Fe fyddwch chi'n siŵr o ddal i fyny.'

Roedd Edith wedi synnu'n arw. Dihidio iawn fu'r rhan fwyaf o athrawon o'i hymdrechion i wneud ei gwaith ysgol, ond doedd Madame Beaufort ddim yn ddifater o gwbl. Nid oedd hynny'n gwneud y gwaith fymryn yn haws, fodd bynnag, fel y sylweddolodd Edith pan roddodd Madame Beaufort y dasg Fathemateg iddi. Nofiai'r rhifau o flaen ei llygaid.

40

'Wyt ti'n cael trafferth efo hwnna?' cewciodd un o'r merched dros ei hysgwydd.

'Na,' atebodd Edith ar unwaith. 'Mi dw i'n iawn.' Swatiodd yn ei sêt. Peth peryglus oedd tynnu sylw ati ei hun. On'd oedd Mutti wedi dweud wrthi, drosodd a throsodd: cadw dy ben yn isel, bydd yn anweledig. Ond nid oedd yr eneth hon am roi'r gorau iddi.

'Mi helpa i di,' mynnodd. Eisteddodd ar gadair Edith gan ei gwthio ychydig i un ochr. 'Renée ydw i,' meddai. 'Fel hyn mae gwneud.' Eglurodd y symiau, ac aeth dros y cyfan yn fanwl nes gwneud yn siŵr fod Edith yn deall. Cyn bo hir, roedd y gwaith wedi'i orffen.

'Diolch,' sibrydodd Edith.

'Croeso. Mi dw i wrth 'y modd yn dysgu,' atebodd Renée. 'Un o'r tŷ Iddewig wyt ti, yntê?'

Rhewodd Edith.

'Paid â phoeni. Rydan ni'n gwybod y cwbwl amdanoch chi,' ychwanegodd Renée yn ddidaro. 'Rydan ni i gyd yr un fath, Pabyddion ac Iddewon. Dyna mae Mam yn ei ddeud, a dyna ydw inna'n 'i gredu hefyd.'

Eisteddodd Edith yn syfrdan. Nid oedd unrhyw beth yn gwneud synnwyr yma yn Moissac. Roedd yr athrawon yn glên, y plant yn garedig, ac nid oedd dim o'i le ar fod yn Iddew yn ôl pob golwg. Gallai'r ysgol hyd yn oed fod yn hwyl.

Wrth i'r gloch ganu ar ddiwedd y wers, sibrydodd Edith, 'Sophie, mi dw i'n gwneud yn iawn.'

Byddwch Barod!

Ar ôl yr ysgol, dychwelodd y merched i'r tŷ i orffen eu tasgau. Gwnaeth Edith ei gwaith cartref gyda hyder nad oedd wedi ei deimlo ers peth amser. Wedi iddi orffen y dasg olaf, eisteddodd ar y gwely a gwenu'n falch. *Petai Therese ond yn gallu fy ngweld i rŵan*, meddyliodd.

'Mi dw inna wedi gorffen,' meddai Sarah, gan roi ei llyfr o'r neilltu. 'Rydw i eisiau mynd â ti i'r ymarfer côr, ond mae'n rhaid i ni neud ychydig o waith gynta. "Gwaith cyn chwarae", dyna fydd Shatta'n ei ddeud bob amser. Ni sydd i fod i blicio tatws. Ac os ydan ni lwcus,' sibrydodd, 'fe gawn di drêt gan Cwc. Tyd!'

Dynes gron, 'run lled a'r un hyd, oedd Cwc. Pan ddaeth Sarah ac Edith i'r gegin, roedd hi'n chwysu uwchben sosban fawr ar y stof, ac yn gorfod sefyll ar flaenau'i thraed er mwyn gallu troi'r cawl. Roedd ei hwyneb yn goch, a sŵn gwichian ysgafn i'w glywed wrth iddi ganu emyn yn dawel bach.

'Sarah, ma petite, 'nghariad bach i,' llefodd Cwc. 'Ti ydi fy ffefryn i o'r plant i gyd, a'r un orau am helpu.'

Gwenodd Sarah a sibrwd wrth Edith, 'Dyna mae hi'n ei ddweud wrth bob un ohonon ni.' Trodd Sarah yn ôl at Cwc ac meddai, 'Edith ydi hon. Mae hi'n newydd yma.'

'On'd wyt ti'n gariad!' meddai Cwc, gan lapio'i breichiau am Edith nes ei bod bron â mygu. 'Edrychwch ar y llygaid mawr tlws 'na – yn union fel rhai fy mhlentyn ieuenga i. Mae gen i chwech ohonyn nhw adre – pob un yn rhodd gan yr Arglwydd. Gwnaeth arwydd y groes a mwmian bendith.

Llwyddodd Edith i atal y pwff chwerthin. Roedd cymaint o amser ers pan ddwedodd rhywun wrthi ei bod hi'n dlws. Mae'n debyg fod y wraig siriol 'ma yn canmol pob un o'r plant, ond dim ots am hynny – roedd Edith wedi cymryd ati ar unwaith.

'Mi fyddwn i'n mynd â chi i gyd adre efo fi petai hynny'n bosib,' ychwanegodd y cwc. 'Ond be am fy ngŵr truan i! Mae o'n ei chael hi'n ddigon anodd bwydo'r chwech sydd ganddon ni, heb sôn am fwydo cant!' Chwarddodd Cwc nes bod ei holl gorff yn siglo, a bu'n rhaid i Edith a Sarah chwerthin efo hi.

'Estynnwch am ffedog, ferched, a chyllell bario'r un,' meddai, gan sychu'r dagrau o'i llygaid.

Cyn pen dim, roedd pentwr anferth o barion tatws yn y sinc. Roedd gweithio efo'i gilydd wedi gwneud y gwaith yn hwyl. Fel yr oedd Edith a Sarah ar fin gadael, gwenodd Cwc arnynt. 'Oeddach chi'n meddwl fy mod i wedi anghofio?' gofynnodd. 'Dyma belen siocled yr un i chi.' Diolchodd y ddwy iddi cyn brysio allan o'r gegin i flasu'r siocled.

'Helô, Sarah,' galwodd rhywun. Trodd Sarah ac Edith i wynebu bachgen hŷn.

'Helô, Eric. Edith, mi wyt ti'n cofio Eric, 'dwyt? Mi wnest ti 'i gyfarfod o ddoe.'

Gwenodd Edith. Roedd hi wedi cyfarfod cymaint o bobol newydd fel mai prin y gallai adnabod un oddi wrth y llall, er bod ganddi rhyw gof o gyfarfod y bachgen yn y cyntedd y diwrnod y cyrhaeddodd yma. Bachgen tuag un ar bymtheg oed, dwys yr olwg, gyda mop o wallt blêr a'r llygaid duaf a welsai Edith erioed, oedd Eric. Syllodd mor galed arni nes iddi orfod troi ei phen draw.

'Mae Eric yn gwybod mwy na neb ydw i wedi'i gyfarfod erioed. Ac mae o'n gallu gwneud bron bob dim hefyd,' meddai Sarah, gan bwffian chwerthin. 'Mae o'n ffotograffydd, yn rhwymwr llyfrau, ac yn gwneud gwaith coed yn y gweithdy.' Ticiodd Sarah holl ddoniau Eric ar ei bysedd, fesul un.

Cododd Eric ei ysgwyddau. 'Chydig o hyn a chydig o'r llall. Mae pob dim yn ddefnyddiol.'

'Wyt ti angan help?' holodd Sarah.

Eric Goldfarb

Roedd Eric yn crymu dan bwysau pabell fawr oedd wedi'i phlygu a'i thaflu dros ei ysgwydd. Crogai nifer o sosbenni a phadelli wrth ei wregys. Gafaelodd Sarah ac Edith ynddynt, ac aeth y tri â'r offer drwodd i'r ystafell fwyta lle roedd plant wrthi'n rowlio bagiau cysgu ac yn plygu pebyll. Cododd Shatta, oedd yn sefyll ym mhen draw'r ystafell, ei llaw arnynt, cyn gweiddi, 'Rydw i am i bob arweinydd grŵp archwilio pob pabell yn ofalus iawn! Wedi i chi wneud yn siŵr nad oes 'na dyllau ynddyn nhw, fe gaiff aelodau'r grŵp wneud pentwr taclus ohonyn nhw yn y fan yma.'

'Ydi'r plant yn mynd i wersylla?' gofynnodd Edith.

Rhoddodd Eric chwerthiniad bach. 'Rydan ni'n barod i adael yr eiliad y cawn ni rybudd. "Byddwch barod!" ydi ein harwyddair ni yma.'

'Mynd i ble? A pham mor sydyn?' holodd Edith yn syn.

'Mi wyt ti'n newydd yma,' atebodd Eric, 'a dwyt ti ddim wedi bod yn rhan o gyrch. Ond fe ddoi di i ddeall.' Agorodd ei babell a phlygu i'w harchwilio.

Edrychodd Sarah ar Edith, ac meddai i'w chysuro, 'Rydan ni yn ddiogel yma, o ddifri. Ond fe fydd y Natsïaid yn dod heibio bob hyn a hyn, i chwilio am Iddewon.'

Cyrch! Rhedodd ias o ofn drwy Edith, a dal ar ei hanadl. 'Dyna sut cafodd fy nhad i 'i restio,' meddai'n gryglyd.

'A dyna pam yr ydan ni'n barod,' atebodd Eric. 'Edrych o dy gwmpas – mae ganddon ni bebyll, bagiau cysgu, lanterni, sosbenni, padelli, rhaffau, cyllyll, cwmpawdau, socasau (gaiters), sachau ysgwydd, mapiau, a bwyd, i gyd yn barod i gychwyn.' Aeth Eric drwy restr yr offer gwersylla, gan wneud yn siŵr fod popeth yno. 'Cyn i'r ymosodiad ddigwydd, fe fyddwn ni wedi gadael.'

'Ond sut ydach chi'n gwybod pryd y byddan nhw'n ymosod?' Roedd Edith yn dechrau cynhyrfu. 'A ble mae pawb yn mynd?'

'Rydan ni'n cael rhybudd fod y Natsïaid ar eu ffordd,' meddai Sarah yn dawel. 'Mae maer Moissac yn rhoi gwybod i Shatta, a phawb ohonon ni'n gadael i fynd i wersylla yn y bryniau am rai dyddiau. Pan fydd hi'n ddiogel, rydan ni'n dod yn ôl.'

Ceisiodd Edith gofio be oedd Shatta wedi'i ddweud. Roedd hi wedi sôn am faer Moissac y diwrnod y cyrhaeddodd Edith yma; wedi dweud ei fod yn ffrind ac yn barod i helpu ac amddiffyn y plant Iddewig. Ai dyma oedd Shatta yn ei olygu?

'Paid â phoeni. Mi fydd y cyfan yn gwneud synnwyr,' meddai Eric yn hamddenol, cyn mynd i helpu rhai o'r plant eraill. 'Mi gei di weld hynny'n ddigon buan.'

Y côr yn Moissac – mae Henri Milstein, yr arweinydd, yn y canol ac Edith yn yr ail res o'r ffrynt, i'r dde o fraich Henri

45

Teimlai Edith fel lwmp o rew wrth i Sarah ei harwain yn dyner o'r ystafell fwyta. Sut oedd modd iddi beidio â phoeni? Nid oedd eisiau gwybod be oedd yn digwydd yn ystod cyrch. Nid oedd eisiau gorfod dianc eto. Ac yn fwy na dim, nid oedd eisiau bod yma o gwbl.

Pan gafodd Sarah gyfle i gyflwyno Edith i Henri, arweinydd y côr, o'r diwedd, safodd Edith yn fud gan wyro'i phen. Sibrydodd Sarah rywbeth wrth Henri. Nodiodd yntau a dweud, 'Pam nad eisteddwch chi i wrando arnon ni am heddiw, Edith. Fe gewch chi ymuno'r tro nesaf.'

Disgynnodd Edith yn swp i gadair. Cymerodd Henri ei le o flaen y bechgyn a'r merched a chodi baton bychan. Llanwyd yr ystafell â sŵn lleisiau'n ymdoddi i'w gilydd. Er bod Edith eisiau gwrando, a'i cholli ei hun yn harddwch syml yr harmoni, roedd hi'n rhy gyffrous. Wrth iddi ddeffro'r bore hwnnw, cawsai'r teimlad ei bod hi'n ddiogel. Roedd Cwc wedi gwneud iddi deimlo'r un mor gynnes, braf. Ond rŵan teimlai fel petai wedi cael ei bwrw allan drwy ffenestr ac ar fin taro'r ddaear.

Roedd dros gant o blant yn y tŷ yn Moissac. Sut y gallai pawb lwyddo i adael mewn pryd? Pan ddaeth y Natsïaid i arestio Tada ganol nos, doedd dim amser i ddianc. Ni wyddai neb fod y cyrch ar ddod. Hyd yn oed petai'r maer yn eu rhybuddio yma yn Moissac, a fydden nhw'n cael eu dal fel pryfed mewn gwe heb amser i ffoi?

Nid oedd y fath beth yn y byd â lle diogel, dim ond mannau lle gellid osgoi perygl dros dro. Twyll oedd Moissac. Roedd Mutti ar fai yn dod â hi yma. Caeodd Edith ei llygaid ac anadlu'n ddwfn. Teimlai fel petai eisoes wedi cael ei dal yn y gwe. Ac nid oedd ganddi unman i fynd. Nid oedd dim y gallai ei wneud ond aros i weld be fyddai'n digwydd.

Gaston

Aeth sawl diwrnod heibio cyn i Edith allu ymweld â Gaston yn y tŷ llai y drws nesaf. Roedd hi wedi bod eisiau mynd yno cyn hyn, ond roedd ei dyddiau mor brysur a dim amser rhydd i'w gael. Efallai mai Shatta oedd wedi trefnu hynny, fel bod plant pob ystafell yn cael cyfle i ddod i arfer â'i gilydd.

Agorodd Edith y drws pren trwm a dringo'r grisiau i ystafell Gaston ar yr ail lawr. Cerddodd i mewn yn dawel, a dyna lle roedd ei brawd bach yn gorwedd ar ei wely, yn syllu ar y nenfwd.

'Gaston,' sIbrydodd Edith.

Trodd Gaston ei ben rhyw fymryn, yna neidiodd i fyny a phlethu'i freichiau amdani.

'Edith!' gwaeddodd, gan ddal yn dynn ynddi, fel petai'n ofni y byddai'n diflannu. 'Lle wyt ti 'di bod?'

Gwasgodd hithau Gaston yr un mor dynn, gan addo iddi'i hun y byddai'n dod i'w weld yn amlach o hyn ymlaen.

'Mi dw i yma rŵan, Gaston. Tyd, dwed wrtha i sut wyt ti.' Dadblethodd ei freichiau a'i arwain yn ôl at y gwely. Eisteddodd wrth ei ochr a syllu i'w lygaid mawr, crynion. Roedden nhw i gyd yn meddwl y byd o Gaston – yn ei ddifetha ac yn dotio arno. O'r diwrnod y cafodd ei eni, roedd Edith mor hapus o gael brawd bach – rhywun arall i chwarae efo fo ac i'w fosio o gwmpas ar adegau. Ond roedd yn rhaid iddi gyfaddef ei bod braidd yn genfigennus hefyd. Wedi'r cyfan, hi oedd geneth fach Tada a babi'r teulu, nes i'r bachgen tlws gwallt golau gymryd ei lle. Ac roedd o'n mynnu sylw pawb, bob amser yn brysur, bob amser yn llawn bywyd. Byddai gofyn i Mutti ei wylio bob eiliad rhag ofn iddo neidio oddi ar y bwrdd, mynd i grwydro, neu ei gael ei hun i ryw helynt neu'i gilydd. Roedd yn anodd credu mai'r un oedd y bachgen bach digalon hwn â'r bachgen bywiog hwnnw.

Syllodd Gaston ar ei chwaer. Roedd fel petai rhywun wedi diffodd y golau yn y llygaid gloywon. Plygodd Edith ymlaen i frwsio cyrlen oddi ar ei dalcen. 'Wyt ti'n iawn?' gofynnodd. Petrusodd Gaston cyn rhoi nòd fach. Rhoddodd Edith gynnig arall arni. 'Oes 'na rywbeth wyt ti 'i eisia?'

Edrychodd yntau i fyw ei llygaid. 'Mi dw i eisia Mutti.' Llanwyd yr ystafell â'i grio truenus.

Roedd atgofion am Mutti wedi bod yn llifo i mewn ac allan o feddwl Edith fel tonnau ysgafn yr afon a welai o ffenestr ei hystafell wely. Ble roedd Mutti, meddyliodd. Oedd hi'n ddiogel? Oedd ganddi ddigon i'w fwyta? Gwely i gysgu ynddo? Oedd arni ofn?

Ochneidiodd Edith a chofleidio Gaston. 'Mae gen inna hiraeth amdani, Gaston – ac am Tada a Therese,' meddai.

Bu'r ddau'n sgwrsio'n dawel, ond cyn pen dim daeth yn amser i Edith adael.

'Pryd doi di'n ôl, Edith?'

'Fory,' addawodd. 'Mi ddo i'n ôl fory.'

'Na,' llefodd Gaston yn ddig. 'Mi wyt ti'n mynd i 'ngadael i fel Mutti a Tada a ddoi di ddim yn ôl.'

'Gaston, gwranda arna i. Dydw i ddim yn mynd i dy adael di. Edrych di drwy dy ffenest ac mi fedri weld fy stafell i. Mi fydda i'n ôl fory.' A gyda hynny, gadawodd Edith ei ystafell.

Gaston druan, meddyliodd Edith. Roedd ei fywyd bach wedi bod yn llawn ansicrwydd a newid. Ni wyddai Gaston am y profiad o gael chwarae yn yr awyr agored, o gael llempian hufen iâ mewn café, neu wylio Tada'n chwarae pêl-droed a chlywed y dyrfa'n gweiddi hwrê. Ond efallai ei bod yn well iddo beidio gwybod.

Pan adawodd Edith dŷ Gaston, roedd yr awyr yn dywyll, a'r glaw fel petai'n crio mewn cydymdeimlad â hi. Yma yn Moissac roedd yna bobl garedig yn gwylio drosti, yn ei bwydo ac yn gofalu fod ganddi ddillad glân a'i bod yn gwneud ei gwaith cartref. Onid oedd Shatta a Bouli yn trin pob un ohonynt fel petai'n blentyn iddyn nhw? Ond ar waethaf hynny, teimlai Edith yn unig. Nid Shatta a Bouli oedd ei rhieni. Nid ei brodyr a'i chwiorydd oedd y plant eraill. Roedden nhw'n deulu'n unig oherwydd eu bod yn rhannu'r un anobaith.

~

Fel yr oedd Edith yn nesáu at ei thŷ ei hun, daeth sŵn canu i dorri ar draws ei meddyliau trist. 'Be sy'n digwydd?' gofynnodd, pan welodd Germaine yn rhuthro heibio yn cario llestri a chanwyllbrenni.

'Shabbat,' atebodd hithau. 'Mae'r haul ar fachlud ac rydan ni'n paratoi'r tŷ ar gyfer y Sabbath.'

Daeth Edith o hyd i Sarah yn brwsio'i gwallt hir, prydferth yn yr ystafell wely. 'Does 'na ddim curo ar nos Wener,' meddai Sarah. 'Rydan ni i gyd yn gwisgo'n dillad gorau. Mae Cwc yn paratoi bwydydd arbennig, a rabbi yn dod yma i arwain y gwasanaeth. Fe fyddwn ni i gyd yn canu, ac mae pob dim mor berffaith.'

Ysgydwodd Edith ei phen mewn syndod. Yn Fienna, roedd y teulu yn arfer dathlu'r Sabbath. Byddai'n mynd i'r synagog gyda'i thad ac yn mwynhau gwrando ar yr emynau a'r gweddïau. Ond rhoddodd y teulu'r gorau i ymarfer eu crefydd rhag ofn iddynt dynnu sylw atynt eu hunain. Roedd yn ymddangos fod y plant yn Moissac yn gallu dathlu bod yn Iddewon, a hynny heb ofn. Roedd popeth mor ddryslyd! Un munud, roedd hi'n ofnus ac yn ddiobaith; y munud nesaf yn teimlo mor glyd â phetai wedi cael ei lapio mewn cocŵn cynnes.

'Tyd,' gwaeddodd Sarah, wrth iddi glymu'i gwallt yn ôl â rhuban coch llachar. 'Mi awn ni i hel blodau i'w rhoi ar y byrddau.'

Roedd y cae y tu ôl i'r tŷ yn llawn o flodau cynnar y gwanwyn, a phersawr yr anemoni – piws, coch, a glas – yn llenwi awyr y min nos. Anadlodd Edith yn ddwfn. Blodau'r gwynt oedd ffefrynnau Mutti; roedd dod o hyd iddynt fel darganfod rhan o Mutti ei hun.

Cariodd Edith a Sarah lond eu breichiau o flodau i'r ystafell fwyta, lle roedd merched wrthi'n sgleinio canwyllbrenni ac yn gosod llieiniau gwyn a bwydydd arbennig ar y byrddau. Newydd drefnu'r blodau mewn potiau a gwydrau ar bob bwrdd yr oedden nhw pan gyrhaeddodd gweddill y plant.

'Shabbat Shalom,' sibrydodd Sarah. 'Heddwch i ti'r Sabbath hwn.'

'Shabbat Shalom,' atebodd Edith. 'Heddwch i bob un ohonon ni.'

Helpwch Eich Cymydog

Byddai Edith yn mynd i weld Gaston bob dydd, fel yr oedd hi wedi addo, gan gymryd arni bod yn ddewr. Ni soniodd air am y cyrchoedd na'r tripiau gwersylla, dim ond gwenu, a'i berswadio i gredu y byddai popeth yn iawn.

'Mi fydd Tada adra cyn pen dim, Gaston,' meddai Edith un diwrnod pan oedden nhw'n eistedd ar garreg drws tŷ Gaston. 'Ac wedyn mi ddaw Mutti i fynd â ni adra hefyd. Maen nhw'n edrych ar ein holau ni'n dda, 'dydyn? Roedd Mutti'n glyfar iawn yn ein hanfon ni yma.'

Fesul tipyn, dechreuodd hyn gael dylanwad ar Edith. Sylweddolodd, os oeddech chi'n cymryd arnoch fod popeth yn iawn, eich bod chi'n dod i gredu hynny ymhen amser. P'un bynnag, doedd dim byd ofnadwy yn digwydd. Nid oedd neb yn galw enwau arni; a dweud y gwir, roedd pobl y dref yn gyfeillgar. Nid oedd Iddewon yn cael eu restio yn Moissac, na neb yn ymosod arnynt ar y stryd. Hyd yn oed pan fyddai Shatta a Bouli'n sôn am y rhyfel – Iddewon yn cael eu restio yn Rwmania, Iwgoslafia, a Gwlad Groeg; mwy a mwy o wersylloedd crynhoi yn cael eu hadeiladu – roedd fel petai'r cyfan yn digwydd ymhell i ffwrdd. Roedd yna adegau anodd wrth gwrs, yn arbennig yn ystod oriau tawel y nos pan fyddai'r hiraeth am ei rhieni yn ymyrryd â breuddwydion Edith. Ond byddai'n ymlid y meddyliau i ffwrdd ac yn dal ati.

Daeth hynny'n haws gan fod cymaint i'w wneud: gwaith tŷ, ysgol a gwaith cartref, a'r côr, yr oedd Edith yn ei fwynhau erbyn hyn. Ond y sgiliau gwersylla – yr wybodaeth allai arbed eu bywydau – oedd yn dod gyntaf bob amser. Wedi'r cyfan, roedd y tŷ yn Moissac wedi'i seilio ar arwyddair Cymdeithas y Sgowtiaid, 'Byddwch barod'. Onid oedd Shatta wedi dweud hynny wrth Edith y diwrnod y cyrhaeddodd hi yma? Dysgai'r plant sut i baratoi tân a gwneud clymau, dilyn trywydd a dweud yr amser wrth yr haul. Ac roedden nhw'n ymarfer bob dydd er mwyn magu cyhyrau a meithrin amynedd.

'Rhaid i Sgowtiaid fod yn gryf, yn effro, ac yn ddeallus,' eglurodd Bouli un diwrnod, pan oedd yn arwain Edith a'r lleill ar daith gerdded. 'Arhoswch efo'ch gilydd,' gorchmynnodd wrth frasgamu i fyny llethr serth. 'Gwthiwch y coesau 'na. Anadlwch yr awyr iach.' Ymdrechai Edith i ddal i fyny, ei meddwl yn llawn atgofion am ddianc drwy'r fforestydd o Fienna. Roedd ei choesau'n brifo, yn union fel yr oedden nhw yn ystod y daith hir honno. A'r tro hwn, nid oedd Tada yno i'w chario.

Ac eto, wrth i'r dyddiau fynd heibio, teimlai Edith ei chorff yn cryfhau a'r boen yn mynd yn llai. Roedd hi'n magu cyhyrau yn ei choesau, a daeth gwrid iach i'w hwyneb.

Un diwrnod cynnes o wanwyn, yn ystod toriad bach yn eu taith gerdded, galwodd Bouli'r plant ato. Roedd yr haul yn tywynnu a'i belydrau tanbaid yn taro ar bennau'r cerddwyr ifanc. Eisteddodd Edith, pigo blodyn bach a dechrau tynnu'i betalau'n ddifeddwl, fesul un.

Y cynta i Mutti,
Yr ail i mi,
Y trydydd i Tada
a 'nheulu i.

'Am be wyt ti'n meddwl? gofynnodd Sarah. 'Mi wyt ti'n edrych fel 'tasat ti fil o filltiroedd i ffwrdd.'

Ac roedd Edith yn teimlo ymhell i ffwrdd. Nid oedd wedi meddwl am y pennill bach gwirion yna er pan oedd y teulu'n cael picnic allan yn y wlad ar gyrion Fienna. Ond rŵan roedd cofio hynny wedi deffro hiraeth dwys ynddi am ei theulu. Ni allai byth ddweud be fyddai'n ysgogi'r atgofion yma. Roedden nhw'n ei tharo'n ddirybudd – wrth iddi fwyta'i brecwast, neu gerdded i'r ysgol, neu hyd yn oed pan fyddai wrthi'n tynnu llwch yn ei hystafell. Ysgydwodd Edith ei phen i geisio cael gwared â'r boen. 'Mae pob dim yn iawn. Rydw i'n ôl rŵan, Sarah.'

Galwodd Bouli am sylw pawb ac yna dechreuodd siarad.

'Be fyddach chi'n ei ddweud ydi pwrpas Sgowtio, blant?'

'Dysgu sgiliau newydd.'

'Gwneud eich gorau bob amser.'

'Bod yn gryf.'

Nodiodd Bouli. 'Mae hynna i gyd yn bwysig. Be arall?'

'Helpu pobol,' galwodd Eric.

'Yn hollol!' meddai Bouli. 'Gwasanaeth i eraill – dyna ydi gwir bwrpas y mudiad Sgowtio. Helpu'r rhai o'ch cwmpas. A lle rydan ni'n gweld enghreifftau o hynny yn ein bywyd bob dydd?'

'Mae Shatta a chithau yn ein helpu ni i gyd drwy'n gwarchod ni yma,' meddai Sarah.

'Mae pobol y dref yn ein helpu ni drwy gadw'r gyfrinach mai Iddewon ydan ni,' atebodd plentyn arall.

'Da iawn!' meddai Bouli. 'Mae pobol Moissac, drwy gadw'r gyfrinach, yn ein hamddiffyn ni. Er bod hynny'n beth peryglus. Er eu bod yn gorfod mentro'u bywydau er mwyn ein cadw ni'n ddiogel. Nhw ydi'r enghraifft berffaith o wasanaeth a'r dewrder i wneud yr hyn sy'n iawn, hyd yn oed yn wyneb perygl.'

Gwneud yr hyn oedd yn iawn. Dyna pam yr oedd pobl Moissac yn helpu'r plant Iddewig, meddyliodd Edith. Nid oherwydd eu bod yn cael eu talu, fel y ffermwr oedd wedi cymryd cadwen berlau Mutti, na'r gwarchodwyr carchar yng Ngwlad Belg y rhoddodd Mutti arian iddyn nhw er mwyn cael Tada'n rhydd, ond yn unig am mai dyna'r peth iawn i'w wneud.

'Tyd yma,' galwodd Sarah, gan dorri ar draws meddyliau Edith. 'Rydw i am dy ddysgu di sut i wneud cwlwm dwbwl. Dyna'r cwlwm sy'n cael ei ddefnyddio i ddal pabell.' Anadlodd Edith yn ddwfn cyn symud i eistedd wrth ochr Sarah, a syllu i lawr ar bentwr o raffau. 'Cym' arnat mai un o bolion pabell ydi'r gangen 'ma,' meddai Sarah. 'Gafael ym mhen y rhaff efo dy law dde, yna'i droi am y gangen ddwywaith a'i groesi i wneud X. Yna gwthia ben y rhaff drwy'r twll yn yr X a'i dynnu'n dynn.' Dilynodd Edith symudiadau Sarah yn ofalus.

'Dyna fo!' meddai Sarah yn gynhyrfus. 'Mi wyt ti fel 'tasat ti wedi hen arfer.'

Bu Edith yn ymarfer drosodd a throsodd. Erbyn diwedd y prynhawn, roedd hi'n gallu clymu darnau o goed at ei gilydd a chysylltu rhaffau o wahanol drwch yn gyflym ac yn fedrus. Gwyddai hefyd sut i lapio bag cysgu yn fwndel bach taclus. Er syndod iddi, roedd hi'n un dda ei llaw, ac yn mwynhau dysgu. Bob hyn a hyn, crwydrai ei meddwl at gyrchoedd ac ymosodiadau milwyr y Natsïaid. Ni allai gredu o ddifri y byddai byth angen iddi roi'r sgiliau hyn ar waith. Ond nid oedd eisiau meddwl am hynny.

Erbyn i'r sesiwn wersylla ddod i ben, teimlai Edith yn flinedig ond yn fodlon. Dilynodd Bouli i lawr y llethr ac yn ôl i'r tŷ. Gollyngodd ei hun ar y gwely, gan feddwl nad oedd ganddi ond ychydig funudau i'w thwtio ei hun cyn swper.

Yr eiliad honno, daeth Eve i'r ystafell. Estynnodd am ei chês o dan y gwely, heb ddweud gair, a dechrau pacio.

'Wyt ti'n mynd ar wyliau?' holodd Sarah yn chwareus. 'Dyna pam nad oeddat ti ar y daith gerdded, ia?'

Edrychodd Eve i fyny arni. 'Rydw i'n gadael,' meddai mewn llais tawel, digalon. Diflannodd y wên oddi ar wyneb Sarah.

'Gadael?' gofynnodd. 'I ble wyt ti'n mynd?'

'Mae Mam a 'Nhad wedi dod i fy nôl i. Maen nhw wedi penderfynu y bydda i'n fwy diogel efo nhw. Rydan ni'n mynd i'r Swistir. Mae ganddon ni berthnasau yno. Rydan ni am groesi Ffrainc a mynd dros y mynyddoedd.'

Gadael? Nid oedd neb erioed wedi gadael y tŷ. Nid oedd Edith wedi meddwl am eiliad fod hynny'n bosibl. Anghofiodd bopeth am fwynhad y daith gerdded. Petai Mutti ond yn dod i'w nôl hi! Dyna fyddai'r anrheg gorau o'r cwbwl – cael bod efo'i rhieni unwaith eto.

Ni ddywedodd neb air, er bod y merched yn syllu'n genfigennus ar Eve.

Caeodd Eve ei chês. 'Mi fydd gen i hiraeth amdanoch chi i gyd,' meddai, gan gofleidio'r genethod fesul un.

Dilynodd Edith hi i lawr y grisiau i'r cyntedd, lle roedd Shatta a gŵr a gwraig yn sefyll. Cymerodd y dyn y cês bach oddi ar Eve ac ysgwyd llaw â Shatta.

'Merci, Madame Simon. Diolch i chi am ofalu am ein merch ni.'

'Os gwelwch chi'n dda, monsieur,' erfyniodd Shatta. 'Peidiwch â mynd â'r plentyn oddi yma. Dyma'r lle mwyaf diogel iddi.'

'Efo ni mae hi fwya diogel,' atebodd y wraig. 'Be all fod yn fwy diogel na bod efo'ch teulu?'

Swatiodd Edith ar y grisiau wrth iddi glywed Shatta'n dweud yn daerach fyth, 'Fe wyddon ni i gyd fod Ffrainc mor beryglus â gweddill Ewrop i'r Iddewon erbyn hyn. Rydan ni'n cael ein gwarchod yma gan bobl y dref, ond nid felly mae pethau y tu draw i Moissac.'

Ysgydwodd tad Eve ei ben, a gadawodd y tri y tŷ. Cerddodd Shatta i gyfeiriad ei swyddfa, ei hysgwyddau'n grwm a golwg wedi ymlâdd arni. Ni allai Edith oddef gweld Shatta – oedd bob amser mor gryf a hyderus yng ngŵydd y plant – wedi cael ei threchu.

Teimlai Edith ei bod angen siarad efo rhywun, ond nid oedd yn siŵr a allai Sarah wneud synnwyr o hyn i gyd. Wrth glywed y sŵn o'r gweithdy rhwymo llyfrau yng nghefn yr adeilad fe gafodd syniad. Eric, oedd mor ddoeth a deallus, fyddai'r un perffaith i hynny.

'Helô.' Gwenodd Eric wrth iddo weld Edith yn cerdded tuag ato.

'Helô, Eric.' Edrychodd Edith i lawr ar y pentwr o bapurau, sisyrnau ac edeuon trwchus ar y fainc o'i flaen. 'Be ydi'r rhain i gyd?'

'Weli di'r dyn acw?' Pwyntiodd Eric at ŵr hŷn oedd yn sefyll ym mhen arall yr ystafell a chriw o bobl ifanc o'i gwmpas. 'Dyna i ti un o'r rhwymwyr llyfrau gorau yn Ffrainc, ac mae'n dod yma i roi gwersi i ni. Rydw i wedi bod yn dysgu efo fo ers rhai misoedd ac yn gwneud yn eitha da.'

'Dangos i mi,' meddai Edith. Byddai'n dda cael rhywbeth i fynd â'i sylw oddi ar Eve.

'I ddechrau, mae'n rhaid i ti blygu dalen fawr fel hyn.' Gafaelodd Eric mewn pentwr o bapurau oddi ar y fainc weithio. 'Yna, mae'r rhannau'n cael eu gwnïo y tu mewn i'r clawr, fesul un. Gan dy fod ti'n gwnïo'r llyfr i gyd efo un edau, mae'n rhaid i ti wneud yn siŵr ei bod hi'n ddigon hir.' Gwthiodd nodwydd drwchus i mewn ac allan o'r pentwr tudalennau, gan dynnu'r edau'n dynn â phob pwyth cyfartal. Os ydan ni'n lwcus, fe gawn ni ledr i wneud y cloriau, ond mae'r carbord trwchus 'ma'n gweithio'n reit dda. Dyma'r llyfr cynta wnes i yma.'

Plygodd Eric o dan y bwrdd ac estyn albwm bach hirsgwar allan. Roedd iddo glawr brown tywyll a thudalennau duon. Craffodd Edith ar y pwythau, pob un yn berffaith a'r un faint yn union o bellter rhynddynt. Roedd y llyfr yn llawn ffotograffau, llawer ohonynt o Moissac ac o'r plant. 'Fi dynnodd y lluniau a'u datblygu nhw,' meddai Eric yn falch.

Bodiodd Edith drwy'r tudalennau. 'Pwy ydi'r rhain?' holodd, gan bwyntio at gwpwl ifanc a thri o blant bach.

'Fy rhieni i. Fy chwaer a 'mrawd. A fi ydi hwnna,' ychwanegodd, gan bwyntio at y plentyn ieuenga. Fe gafodd y llun ei dynnu yng Ngwlad Pwyl. Yno y ce's i fy ngeni, er i mi dyfu i fyny yn yr Almaen. Fe wnaethon ni ddianc yn 1939.'

'Wyt ti'n gwybod ble maen nhw rŵan?'

Cododd Eric ei ysgwyddau. 'Ar chwâl. Fe gafodd fy chwaer ei gyrru i Loegr, a 'mrawd i Tsieina. Fe lwyddodd fy rhieni i anfon chydig o lythyrau ata i drwy'r Groes Goch, ond chaen nhw ddim defnyddio mwy na dau ddeg pump o eiriau, a do'n i fawr callach.'

Syllodd Edith ar y llun. 'Eric, petai dy rieni di'n cyrraedd yma ac eisiau mynd â ti i ffwrdd efo nhw, fyddet ti'n mynd?'

Crychodd Eric ei dalcen. 'Rydw i wedi bod heb fy nheulu mor hir fel na alla i ein dychmygu ni efo'n gilydd. P'un bynnag, mi dw i'n ddigon hen i ofalu amdana'n hun.'

'Ond pe baen nhw yn dod,' mynnodd Edith, 'fyddet ti'n gadael

Moissac? Fe ddaeth rhieni Eve i'w nôl hi heddiw. Maen nhw'n deud fod Eve yn ddiogel efo nhw, ond mae Shatta'n credu ei bod hi'n fwy diogel yma. Be wyt ti'n 'i feddwl?'

Oedodd Eric, gan ystyried hyn. 'Rydw i'n trystio Shatta,' meddai o'r diwedd. 'Mae'r tŷ wedi bod yma ers pedair blynedd, a phawb wedi bod yn ddiogel hyd yn hyn. Elli di ddim dweud yr un peth am Iddewon mewn llefydd eraill.' A gyda hynny, trodd yn ôl at ei waith.

Ychydig ddyddiau'n ddiweddarach, roedd Edith yn helpu i glirio'r ystafell fwyta ar ôl swper. Wedi i'r merched eraill adael, aeth at Shatta a gofyn yn betrus, 'Ydach chi wedi clywed rhywbeth am Eve?' Gwyddai pawb erbyn hyn fod Eve wedi gadael efo'i rhieni.

Ysgydwodd Shatta'i phen. 'Dydi'r newydd ddim yn un da,' meddai a chryndod yn ei llais. 'Rydw i wedi clywed fod Eve a'i theulu wedi cael eu restio a'u hanfon i wersyll crynhoi. Y cyfan allwn ni ei wneud bellach ydi gweddïo y byddan nhw'n dod drwyddi.'

Gorffennaf 8, 1943
Diwrnod Arbennig

Bu Edith yn meddwl am Eve am wythnosau wedyn, gan chwarae'r olygfa ohoni'n gadael drosodd a throsodd yn ei meddwl fel ar dâp. Roedd Shatta wedi dewis peidio sôn rhagor am Eve ar ôl y noson honno yn yr ystafell fwyta. Gallai Edith ddeall pa mor boenus i Shatta oedd gweld Eve yn gadael. Onid oedd pob plentyn yn y tŷ yn blentyn iddi hi, a cholli un fel colli aelod o'i theulu? Er bod Shatta'n ymddangos yn galed ar yr wyneb, roedd hi'n un hawdd ei brifo pan oedd a wnelo hynny â'i phlant. I Edith, roedd gweld rhieni Eve wedi chwyddo'i hiraeth am ei theulu ei hun. Teimlai'n ddiogel yn eu cwmni bob amser; ac eto, dyna pryd y cafodd Tada ei gymryd i ffwrdd. Ni chawsai neb ei restio yma yn Moissac, hyd yn hyn o leiaf. Gwnâi hynny i Edith deimlo'n fwy dryslyd ei meddwl nag erioed.

Un bore, sawl wythnos yn ddiweddarach, dihunodd Edith cyn i'r gloch ganu. Trodd drosodd yn y gwely, ac ymestyn ei chorff. Deuai swn trydar adar drwy'r ffenestri agored. Gorweddodd yn llonydd, a gwrando. Ond – roedd hi'n rhy ddistaw yma. Eisteddodd i fyny ac edrych o'i chwmpas. Roedd yr ystafell wely'n wag.

Yn sydyn reit, roedd Edith yn hollol effro. *Ble roedd pawb? Maen nhw wedi mynd,* meddyliodd mewn braw. *Maen nhw wedi mynd a 'ngadael i ar ôl. Mae'r Natsïaid ar eu ffordd a rhywun wedi anghofio fy neffro i mewn pryd. Fi ydi'r unig un y dôn' nhw o hyd iddi yma!*

Ysgydwodd ei phen a'i cheryddu ei hun. 'Rho'r gorau i neud

58

pethau'n waeth! Paid â chynhyrfu, Edith.' Atseiniai ei llais yn yr ystafell wag. Y munud nesaf, agorodd y drws a rhuthrodd Sarah a'r genethod oedd yn rhannu'r ystafell i mewn.

'Pen blwydd hapus, Edith!' Tyrrodd y merched o'i chwmpas, gan weiddi hwrê a churo dwylo. 'Mi wyt ti wedi cymryd hydoedd i ddeffro!'

Roedd hi wedi dychryn cymaint fel na allai ddweud gair. Gorffennaf 8, 1943, oedd hi heddiw. Diwrnod ei phen blwydd yn un ar ddeg oed! Sut y gallai fod wedi anghofio?

'Tyd yn dy flaen, y cysgwr bach,' meddai Sarah. 'Gwisga amdanat i ni gael brecwast. Mae 'na syrpreis i ti.'

Gwenodd Edith yn ddiolchgar. Roedd Sarah wedi cofio'i diwrnod arbennig hi! Mewn dim o dro, roedd y genethod wedi molchi, gwisgo, a gorffen eu tasgau. Rhedodd Edith i lawr y grisiau ar ôl Sarah a rhuthro i mewn i'r ystafell fwyta, Yna, safodd yn stond. Roedd pawb yno, yn aros amdani. Gafaelodd Henri yn ei faton a dechreuodd y côr ganu. 'Bonne fête à toi. Pen blwydd hapus i ti.' Cyn pen dim, roedd pawb wedi ymuno i ganu. Lapiodd Shatta a Bouli eu breichiau am Edith a dymuno pen blwydd hapus iddi. Teimlai Edith ar ben ei digon. Roedd yna deisen ben blwydd a blodau ar y bwrdd, a pharsel bach lle roedd hi'n eistedd.

'Dydi o fawr o beth,' meddai Sarah yn ymddiheurol, 'ond fe ddaru ni gofio o leia.'

A'i llygaid yn pefrio, agorodd Edith y parsel i weld cas bach coch a sip ar ei ochr. Trodd y cas drosodd yn ei dwylo.

'Agor o,' galwodd Sarah.

Agorodd Edith y sip. Set trin ewinedd oedd yn y cas lledr, yn cynnwys siswrn bach, clipiwr a ffeil ewinedd. Cofleidiodd Sarah. 'Diolch yn fawr i ti,' sibrydodd. 'Hwn ydi'r anrheg gorau ydw i wedi'i gael erioed.' Ac roedd hynny'n wir. Ac eto, roedd o'n beth mor fychan o'i gymharu â'r partïon a'r anrhegion a gâi yn Fienna.

Fflachiodd darlun o sawl pen blwydd a fu drwy gof Edith. Byddai Mutti yn paratoi teisennau blasus, a Therese y tu hwnt o garedig. Âi Tada â hi i brynu ffrog newydd, a byddai ei ffrindiau a'i chefndryd yn ei llwytho ag anrhegion. Yng Ngwlad Belg a Ffrainc, roedd hi wedi dathlu'i phen blwydd yn dawel bach, efo'i rhieni a'i chwaer a'i brawd. Ond rŵan, ni wyddai hyd yn oed ble roedd ei rhieni. Gwthiodd Edith y meddyliau hyn i ffwrdd. Heddiw, ar ddiwrnod ei phen blwydd, roedd hi'n benderfynol o fod yn hapus.

∽෨

Roedd un syrpreis arall i ddod. Rhywbeth cwbl annisgwyl, ond yr anrheg gorau y gallai fod wedi dychmygu ei gael. Pan gyrhaeddodd Edith yn ôl o'r ysgol y prynhawn hwnnw, galwodd Shatta arni.

'Pen blwydd hapus i ti unwaith eto, 'mach i,' meddai Shatta'n galonnog. 'Wyt ti wedi cael diwrnod da?'

'O, do, Shatta,' atebodd Edith. 'Y diwrnod gorau ers amser hir.'

'Wel, rydw i'n meddwl ei fod o'n mynd i wella eto,' meddai Shatta'n awgrymog. 'Mae 'na syrpreis i ti yn fy swyddfa i.' Edrychai Edith yn syn a braidd yn amheus. Chwarddodd Shatta a rhoi gwth fach i Edith i gyfeiriad drws agored ei swyddfa.

Yno, safai gwraig yn ei hwynebu. 'Mutti!' gwaeddodd Edith, a'i bwrw ei hun i freichiau'i mam.

'O 'nghariad i, mae hi mor braf cael gafael amdanat ti eto,' sibrydodd Mutti wrth iddynt gofleidio'i gilydd. O'r diwedd, rhoddodd Mutti ei dwylo ar ysgwyddau Edith a'i dal o hyd braich. 'Gad i mi gael golwg iawn arnat ti, fy ngeneth ben blwydd i. Dim ond pedwar mis, ac mi wyt ti'n edrych gymaint yn hŷn. Ac wedi tyfu i fyny.'

Disgleiriai wyneb Edith wrth iddi syllu i lygaid ei mam. *Mae'n rhaid mai breuddwyd ydi hon*, meddyliodd. Caeodd ei llygaid yn dynn am ennyd, ond pan agorodd hwy wedyn roedd ei mam yn dal yno.

Yn sydyn, diflannodd y wên oddi ar wyneb Edith. 'Ond rydach chi mor denau, Mutti.' Roedd hynny'n wir. Edrychai Mutti'n wael ac yn hagr yr olwg, ei llygaid fel pe baen nhw wedi suddo i'w phen a'r cnawd oedd yn arfer bod mor llyfn â melfed yn hongian yn blygion crebachlyd.

Ysgydwodd Mutti ei phen. 'Mae hi'n anodd cael bwyd. Mae popeth wedi'i ddogni, a does gen i ddim llyfr ration. Ond paid â phoeni,' ychwanegodd, wrth weld y gofid ar wyneb Edith. 'Rydw i'n iawn, ac yn lwcus o gael bod efo teulu da. Diolch byth dy fod ti yma. Ti a Gaston – y ddau ohonoch chi'n ddiogel. Rydw i newydd fod yn ei weld ac mae o'n edrych yn ardderchog.'

Teimlodd Edith frathiad sydyn o euogrwydd; roedd hi'n cael llond ei bol o fwyd a phob gofal, tra oedd Mutti . . .

Rhoddodd Mutti ei llaw o dan ei gên a'i throi i'w hwynebu. 'Mae gwybod fod fy mhlant i'n ddiogel yn rhoi cryfder a maeth i mi.' Ochneidiodd Mutti. 'Tyd i eistedd efo fi, 'nghariad i, a dweud popeth wrtha i.'

A dyna wnaeth Edith. Soniodd am drefn arferol y tŷ, a pha mor garedig oedd Shatta a Bouli. Soniodd am Sarah, Eric, a'r plant eraill. Dywedodd wrth Mutti mor dda yr oedd hi'n dod ymlaen yn yr ysgol. Gwrandawai Mutti'n eiddgar ar bob gair. Roedd fel petai storïau Edith yn rhoi nerth newydd iddi.

Yna, daeth tro Mutti. Roedd yn anoddach gwrando ar ei stori hi. Cuddio efo teulu o ffermwyr i'r gogledd o Moissac yr oedd hi, a Therese efo teulu arall heb fod ymhell i ffwrdd. Roedd y ddwy'n gweithio fel morynion, yn glanhau ac yn coginio. Byddai Mutti'n gweld Therese bob hyn a hyn, ond roedd gofyn iddynt fod yn ofalus rhag ofn i rywun ddechrau amau wrth eu gweld efo'i gilydd. Ac er bod y teuluoedd oedd yn eu gwarchod yn hael ac yn fawr eu gofal, roedd yna, yn ôl Mutti, ddigonedd o bobl na fydden nhw ond yn rhy barod i fradychu cwpwl o ferched Iddewig. Ond sicrhaodd Edith fod y ddwy ohonynt yn ddiogel.

'A Tada?' holodd Edith.

Ysgydwodd Mutti ei phen. 'Na, dim gair.'

Roedd clywed hynny'n ofid, a'r tawelwch a ddilynodd yn brifo cymaint nes i Edith frysio i droi'r stori. 'Sut daethoch chi yma, Mutti? Mor bell, ar eich pen eich hun.'

'Do'n i ddim am ddefnyddio'r trên. Roedd gen i ofn i rywun ofyn am fy mhapurau adnabod i. Cael fy ngharIo mewn tryciau a wagenni wnes i – mae ffermwyr wastad yn barod i helpu gwraig sy'n teithio ar ei phen ei hun, heb holi cwestiynau. Fe gymerodd hynny ddau ddiwrnod, ond mae wedi bod yn werth pob eiliad,' ychwanegodd, gan gofleidio Edith unwaith eto.

Nid oedd Edith am ollwng gafael arni – nid oedd eisiau meddwl y byddai ei mam yn cerdded allan eto. Ond daeth yr amser i Mutti adael yn llawer rhy fuan.

'Peidiwch â mynd, plis, Mutti!' erfyniodd Edith yn gryg. Cydiodd yn dynn yn ei mam. Roedd ffarwelio'r tro hwn yn galetach hyd yn oed na'r ffarwelio cyntaf. 'Pryd dowch chi'n ôl? Pryd gwela i chi eto?'

Tynnodd Mutti ei hun yn rhydd o afael Edith, yn dyner ofalus. 'Mi geisia i ddod i dy weld di eto, ond fedra i ddim addo. Rwyt ti bob amser yn fy nghalon i,' sibrydodd, cyn troi a cherdded allan o'r ystafell.

Eisteddodd Edith yno ar ei phen ei hun bach, yn un swp o dristwch. Yn y diwedd, cerddodd yn araf i fyny'r grisiau a'i gollwng ei hun yn swp ar ei gwely. Soniodd wrth Sarah am ymweliad Mutti a pha mor boenus oedd y ffarwelio wedi bod. Ond rhoddodd ymateb Sarah sioc iddi.

'Rho'r gorau i gwyno,' meddai. 'Rwyt ti'n lwcus fod gen ti fam sy'n gallu dod i dy weld di. Edrych o dy gwmpas, Edith. Does gan y rhan fwyaf ohonon ni ddim syniad lle mae ein mamau ni. Wyddon ni ddim ydyn nhw'n fyw hyd yn oed.' A gyda hynny, trodd Sarah ei chefn ar Edith a mynd ati i wneud ei gwaith cartref.

Teimlai Edith fel petai ei ffrind wedi ei tharo. Syllodd o'i chwmpas yn bryderus. Roedd rhai o'r genethod yn rhythu arni gyda'r un atgasedd ag a welsai'r diwrnod y daeth rhieni Eve i'w nôl. Edrychai eraill yn genfigennus, gan droi oddi wrthi a dagrau yn eu llygaid. 'Mae'n ddrwg gen i, bawb,' meddai Edith mewn llais bach. Gwyddai ei bod yn fwy ffodus na'r genethod eraill, ond ni wnâi hynny iddi deimlo ronyn yn llai truenus ac unig.

'Rydw i'n un ar ddeg oed heddiw, Sophie,' sibrydodd i'w gobennydd. 'Pen blwydd hapus i mi. Mi ge's i fy mam yn anrheg – ond fe gafodd ei chymryd oddi arna i wedyn.' Syrthiodd ei dagrau'n dawel bach i'r gobennydd.

Mae'r Natsïaid yn Dod

Dihunodd Edith yn gynnar fore trannoeth. Nid oedd wedi cysgu fawr. Roedd ei llygaid wedi chwyddo oherwydd yr holl grio, a'i phen yn teimlo cyn drymed â'i chalon. Cawdel o emosiynau fu'r pen blwydd: y cyffro o gael fod pawb yn y tŷ wedi ymuno i ddathlu'i diwrnod arbennig, y wefr o weld Mutti, a'i hanobaith pan adawodd ei mam. Nid oedd arni awydd siarad â'r merched eraill y bore 'ma, a gwnâi hynny iddi deimlo'n ddryslyd ei meddwl hefyd. Gwisgodd yn dawel, tacluso'i gwely, a chrwydro i lawr y coridor. Mae'n siŵr fod Cwc eisoes wrth ei gwaith yn y gegin. Efallai y gallai gynnig ei helpu. Byddai gwrando ar storïau Cwc yn help i symud ei meddwl hithau.

Cerddodd Edith i lawr y grisiau, gan flasu'r tawelwch. Cyn pen dim byddai'r tŷ yn ferw o brysurdeb. Wrth iddi groesi'r cyntedd, cafodd ei dychryn gan sŵn curo trwm ar y drws ffrynt. Gan nad oedd neb arall o gwmpas, aeth i agor y drws pren mawr.

Yno, safai dyn yr oedd gan Edith ryw gof o'i weld yn y dref, a'i het yn ei law. Crymodd ei ben wrth i Edith ei gyfarch.

'Ydi Madame Simon yma?' gofynnodd. Symudai o un troed i'r llall, gan daflu cipolwg nerfus dros ei ysgwydd i fyny ac i lawr y stryd. 'Mae'n bwysig,' ychwanegodd, wrth i Edith gamu i'r naill ochr er mwyn gadael iddo ddod i mewn.

'Ffordd yma, monsieur.' Amneidiodd Edith ar y dyn i'w ddilyn ar draws y cyntedd i swyddfa Shatta. Curodd yn ysgafn ar y drws.

'Entrez! Dowch i mewn,' galwodd Shatta.

Agorodd Edith ddrws y swyddfa. 'Mae 'na rywun yma i'ch gweld chi, Shatta – dyn o'r dref.'

Brasgamodd Shatta at y drws, ysgwyd llaw'r dyn, a'i arwain i mewn. Yna trodd at Edith a dweud, 'Dos yn ôl at dy ffrindiau, 'mach i. Diolch i ti.' Caewyd y drws yn wyneb Edith.

Roedd rhywbeth o'i le – a gwnâi hynny i Edith deimlo'n anesmwyth. Byddai sawl un yn galw yn y tŷ: y dyn gwerthu wyau, y merched glanhau, y meddyg i ymweld â'r cleifion. Ond roedd hyn yn wahanol. Efallai mai ymddygiad nerfus y dyn oedd i gyfri am hynny. Efallai mai'r ffaith i Shatta gau'r drws arni. Beth bynnag oedd, rhoddodd Edith ei chlust yn erbyn y drws i wrando. Roedd y lleisiau'r tu mewn i'r swyddfa yn dawel ond yn daer, a bu'n rhaid iddi glustfeinio i glywed be oedd yn cael ei ddweud.

'Mae'r maer wedi cael gwybod fod yna gyrch i fod ar Moissac – fory, neu efallai hyd yn oed yn ddiweddarach heddiw,' meddai'r ymwelydd. 'Mae'n pwyso arnoch chi i gasglu'r plant at ei gilydd a gadael ar unwaith.'

Roedd Shatta'n dweud rhywbeth, ond nid oedd Edith eisiau clywed rhagor. Baglodd drwy'r cyntedd heb weld dim. Roedd ei phen yn troi a'i chalon yn curo fel gordd. Onid oedd wedi bod yn disgwyl yr hunllef yma, wedi breuddwydio y byddai'n digwydd? Nid breuddwyd mo hon, fodd bynnag, ond argyfwng go iawn.

Rhywfodd, llwyddodd Edith i ddringo'r grisiau a chyrraedd ei hystafell. Roedd Sarah a'r merched eraill wrthi'n gwisgo.

'Be sydd?' gofynnodd Sarah, wrth i Edith ruthro i mewn.

Gafaelodd Edith yn Sarah a'i harwain i gornel o'r neilltu. 'Mae Shatta'n siarad efo'r dyn 'ma,' meddai'n wyllt, gan wneud ymdrech i'w rheoli ei hun. 'Ac mae o'n dweud fod y Natsïaid yn mynd i wneud cyrch ar Moissac a bod yn rhaid i ni adael. Be sy'n mynd i ddigwydd i ni, Sarah?' Diflannodd yr ansicrwydd a deimlodd Edith y noson cynt oherwydd ymateb Sarah. Roedd arni angen Sarah y munud yma; angen ffrind i'w helpu i ddeall be oedd yn digwydd.

Nodiodd Sarah yn hamddenol. 'Mi fyddwn ni'n iawn, Edith.'

Cyn iddi gael cyfle i ddweud rhagor, rhuthrodd Germaine i mewn, gan orchymyn fod pawb i gyfarfod i lawr grisiau. Roedd Shatta a Bouli yn aros amdanynt.

'Mae'n rhaid i ni fynd i wersylla, blant. Rydw i newydd dderbyn neges oddi wrth ein ffrind, y maer.' Siaradai Shatta'n dawel ond yn bendant. 'Mae'r milwyr yn dod i Moissac i chwilio am Iddewon. Mae'r offer i gyd yn barod. Brysiwch i'ch ystafelloedd i wneud yn siŵr fod ganddoch chi bopeth yr ydach chi ei angen.'

Aeth y plant ati mewn dull trefnus ond brysiog, fel actorion wedi ymarfer yn dda. Gwthiodd Edith ei ffordd drwy'r dyrfa nes cyrraedd Shatta, oedd yn dal i roi cyfarwyddyd i'w gweithwyr ar gyfer ymadael.

'Gadewch y gwlâu fel maen nhw,' gorchmynnodd. 'Does 'na ddim amser. Gofalwch fod gan bob grŵp becynnau bwyd. Bouli, tyrd di â'r nwyddau meddygol.' Roedd Shatta'n dal i weiddi cyfarwyddiadau uwchlaw'r twrw.

'Shatta,' gofynnodd Edith, yn ofnus ac yn fyr ei hanadl, 'be am fy mrawd i a'r rhai bach? I ble maen nhw'n mynd? Be sy'n mynd i ddigwydd iddyn nhw?'

Rhoddodd Shatta ei braich am ysgwydd Edith. 'Mae Gaston a'r plant iau yn rhy fychan i allu cerdded cyn belled,' meddai. 'Fe gân nhw eu cuddio mewn tai o gwmpas Moissac. Mae ganddon ni lawer o ffrindiau yma yn y dref, Edith, digon i allu bod yn siŵr y byddan nhw i gyd yn ddiogel.'

Y munud hwnnw, roedd pawb yn barod i gychwyn ar eu 'taith wersylla'. Roedd y plant yn ffit ac yn meddu ar y sgiliau y bydden nhw eu hangen. Cawsai cyfarfodydd staff eu cynnal yn rheolaidd er mwyn perffeithio'r cynlluniau. Roedd y cesys a'r bagiau cysgu'n barod, y bwyd wedi'i baratoi, y paciau gwersylla wedi'u trefnu, a'r pebyll, oedd wedi'u harchwilio rai wythnosau ynghynt, wedi'u plygu a'u pacio. Roedd trigolion y tŷ yn barod i ffoi.

'Tyd, mi awn ni i nôl ein pethau. Paid â bod ofn.' Gwasgodd Sarah law Edith yn dynn. 'Rydw i wedi gwneud hyn o'r blaen. Mi fyddwn ni'n ddiogel, gei di weld.'

Sawl gwaith yn ystod y pedair blynedd ddiwethaf y dywedwyd wrthi y byddai'n ddiogel? Roedd Tada, Mutti, Shatta, a rŵan Sarah,

Eric Goldfarb

wedi rhoi'r un sicrwydd iddi. A fyddai hi'n ddiogel heddiw o ddifri? Daeth y cof am ddianc o Fienna ac yna o Frwsel yn fyw i feddwl Edith wrth iddi gipio rhai dilladau a rhedeg allan o'r ystafell.

Ar ei ffordd i lawr y grisiau, aeth heibio i Eric, oedd yn ceisio gwthio'i ffordd i fyny heibio i'r llif plant. 'Wyt ti wedi anghofio rhywbeth, Eric?' gofynnodd Edith.

'Dydw i ddim yn mynd,' meddai. 'Mae'r bechgyn hŷn yn aros yma.'

Ni allai Edith gredu'i chlustiau. 'Mi wyt ti'n gwneud be? Be sydd ar dy ben di? Mi gei di dy restio.'

'O, na!' atebodd Eric. 'Mae 'na ddigon o leoedd cuddio gwerth chweil yn y tŷ 'ma – yn yr atig, y tu ôl i'r sied goed. Ni'r bechgyn hŷn mae'r Natsïaid eu heisiau. Efallai na fyddai gan y milwyr ddiddordeb mewn criw o blant yn gwersylla yn y goedwig. Ond pe baen ni efo chi, fe fyddai hynny'n gwneud pethau'n fwy peryglus.'

Gafaelodd Edith yn ei fraich. 'Bydd yn ofalus, Eric.'

'Mi fydda i yma pan ddowch chi'n ôl,' meddai, gan wenu. 'Paid â phoeni amdana i.'

Ymunodd Edith â'r criw plant oedd wedi casglu yn yr ystafell fwyta. Roedd y cynghorwyr yn galw'r enwau allan, ac yn rhoi pecyn yn cynnwys bag cysgu, bwyd, pabell a thaclau eraill i bob un o'r plant. Wedi rhoi cyfri am bawb, agorwyd y drysau a llifodd y plant allan i'r stryd.

Roedd awel y bore'n gynnes a'r haul yn disgleirio wrth i'r plant a'r gweithwyr gerdded yn gyflym drwy'r strydoedd tawel, gan anelu am y bryniau y tu draw i Moissac. Roedd masnachwyr wrthi'n agor eu siopau, yn datgloi drysau ac yn gosod y bleinds lliwgar uwchben y ffenestri. Nodiodd ambell un ar y plant wrth iddynt fynd heibio ond ni ddywedodd neb air. *Ydyn nhw'n ffrindiau i ni o ddifri?* meddyliodd Edith. *Pan ddaw'r Natsïaid, ydyn nhw'n mynd i gadw'n cyfrinach ni?* Dyma fyddai'n profi y tu hwnt i bob amheuaeth eu bod nhw wedi ymrwymo i gadw'r plant yn ddiogel. Teimlodd y chwys yn rhedeg i lawr ei gwar. Roedd y pecyn yn drwm, ond ni allai arafu. Rhoddodd hwb iddo a chyflymu'i chamau.

Llun o iard y tŷ yn Moissac, wedi'i dynnu gan Eric Goldfarb

Fel yr oedd hi'n troi cornel ar gwr y dref, edrychodd i fyny ar dŷ bychan ar fin y ffordd. Roedd un o gloriau'r ffenestri yn gilagored a gallai Edith weld wyneb geneth fach y tu ôl iddo. Wrth i'r gwersyllwyr fynd heibio, cododd y plentyn ei llaw, a'i chwifio. Dyna'r peth olaf a welodd Edith cyn iddi hi a'r lleill gael eu harwain i ffwrdd o Moissac.

67

Y Gwersyll Hedfan

Camp Volant, y gwersyll hedfan – dyna oedd Shatta'n ei alw. Roedd hynny'n golygu y byddai'r plant yn symud i le gwahanol bob nos yn y goedwig dywyll, drwchus oedd yn cynnig cysgod a lloches.

Arweiniodd Shatta a'r gweithwyr y plant ymhellach ac ymhellach oddi wrth y perygl yn Moissac. Teithiai'r grŵp mewn parau. Ar y dechrau, aent heibio i ffermdai bychain oedd yn britho'r llechweddau o gwmpas Moissac. Yn y pellter, gallai Edith weld y ffermwyr yn trin eu caeau. Gofalai'r arweinwyr fod y plant yn cerdded ar gylch llydan heibio i'r ffermydd. Nid oeddent am gael eu gweld, a gallai'r ffermwyr hyn fod yn dystion o'u dianc. Ond diflannodd y ffermdai ymhen amser, ac nid oedd bellach ond coed, adar a blodau gwylltion i wylio'r plant wrth iddynt barhau â'u taith.

Ychydig a siaradai'r plant. Roedd arnynt angen pob owns o nerth i gerdded a chario'u paciau. Teimlai pac Edith fel petai'n trymhau wrth y munud. Er bod yr ymarfer a gâi bob dydd yn Moissac wedi helpu i gryfhau ei choesau bach, roedd taith mor hir yn dreth arni. Tywynnai'r haul ar ei phen, ac roedd ei choesau fel plwm. Ond ar wahân i ambell seibiant byr ac anaml i yfed dŵr a llyncu tamaid o fwyd, byddai'r arweinwyr yn annog y plant ymlaen. Yna, ac Edith yn teimlo na allai fynd gam ymhellach, cododd Shatta ei llaw, yn arwydd iddynt aros.

Tynnodd Edith ei phac oddi ar ei hysgwydd a suddo i'r gwair uchel, yn chwys diferu. Disgynnodd Sarah yn swp wrth ei hochr. 'Dydw i ddim yn meddwl y gallwn i fod wedi mynd ymlaen am funud arall,' meddai Sarah. Nodiodd Edith. Ond roedd gwaith i'w wneud eto.

Taith wersylla o'r tŷ yn Moissac

'Mae'n rhaid i ni baratoi'r gwersyll cyn machlud haul,' meddai Bouli. 'Mi fydd 'na ddigon o amser i orffwyso wedyn.'

Ochneidiodd Edith, a chodi ar ei thraed. Yn fyr ac i bwrpas, gosododd arweinwyr y grwpiau dasgau i'r plant. Anfonwyd rhai i chwilio am goed mân; casglodd eraill ganghennau mwy ar gyfer y tân. Ymunodd Edith a Sarah â grŵp o blant oedd yn codi pebyll. Wedi iddynt agor pob pabell, roedd yn rhaid estyn y rhaffau a'r polion a fyddai'n ei chydio'n ddiogel wrth y ddaear.

Curodd Edith un o'r polion i'r ddaear a throi'r rhaff drwchus amdano, gan ddefnyddio'r cwlwm dwbl a ddysgodd yn Moissac. 'Dolen, tynnu, a chroesi drosodd. Dolen, tynnu, a chroesi drosodd,' sibrydodd, wrth iddi glymu pob rhaff wrth bolyn.

Mewn amser byr, roedd y pebyll wedi'u codi a thân, oedd yn ddigon mawr i allu coginio'r bwyd arno, ond na ellid ei weld o bell, wedi'i gynnau. Yn fuan wedyn, roedd arogl coed yn llosgi yn gymysg â sawr cawl yn ffrwtian yn llenwi'r gwersyll. Yn awr gallai pawb ymlacio.

Gorweddodd Edith ar lawr claear y goedwig. Roedd hi mor heddychlon yma, ymhell o Moissac, ymhell o bob perygl. Gallai glywed yr adar yn canu neu'n dwrdio'u hymwelwyr dieithr, cricedau'n trydar, creaduriaid bach yn sgrialu drwy'r tyfiant, y tân yn clecian a sŵn lleisiau'n drifftio'n ysgafn drosti.

Pwysodd Sarah yn erbyn boncyff. 'Mi dw i gymaint o eisiau bwyd, mi fedrwn i fwyta coeden.'

Er bod Edith ar lwgu hefyd, roedd ganddi bethau eraill ar ei meddwl. 'Sarah, beth petai'r Natsïaid yn dod o hyd i ni?'

'Wnân nhw ddim,' atebodd Sarah. 'Ddaw 'na neb o hyd i ni allan yma.'

'Ond beth pe baen nhw?'

'Paid â phoeni, Edith. Rydan ni'n ddiogel yn fan'ma. Mae Shatta a Bouli wedi hen arfer. P'un bynnag, be ydi diben poeni? Does yna ddim byd mwy allwn ni ei neud. Ymlacia a mwynhau'r antur.' Trodd Sarah i edrych ar ei ffrind. 'Gwna dy ora, Edith. Tria gredu y byddwn ni'n iawn.'

Caeodd Edith ei llygaid. Roedd hi eisiau credu, nid yn unig y byddai hi a'r plant eraill yn ddiogel, ond Mutti a Tada, Therese a Gaston hefyd. Unwaith roedd hi wedi bod yn ddigon diniwed i allu credu yn y dyfodol, ond bellach nid oedd ganddi unrhyw obaith yn weddill. P'un bynnag, roedd y rhyfel fel petai'n gwaethygu, a phethau'n edrych yn ddrwg iawn ar Iddewon. Yr wythnos ddiwethaf, dywedodd Bouli wrthynt fod y Natsïaid wedi gorchymyn fod y Pwyliaid Iddewig yn cael eu hanfon i wersylloedd crynhoi. Mewn dinasoedd ledled Ewrop, roedd y Natsïaid wedi symud Iddewon i ardaloedd wedi'u hamgylchynu â waliau a weiren bigog. Yn y getos hyn, gorfodid sawl teulu o Iddewon i fyw mewn un ystafell fechan. Roedd yno brinder gwaith a bwyd, salwch, a budreddi. A rŵan, roedd yr Iddewon yn cael eu hanfon i'r gwersylloedd crynhoi lle byddai pethau'n waeth hyd yn oed. Ac eto, ar waethaf hyn i gyd, roedd Bouli wedi eu sicrhau y bydden nhw'n ddiogel.

Ni wyddai Edith beth i'w gredu. Os oedd y fath bethau'n digwydd i Iddewon mewn mannau eraill, pa mor hir fyddai hi cyn iddyn nhw ddigwydd yma, iddi hi a'i ffrindiau? Ni allai Edith ymlacio – ni allai deimlo, fel Sarah, eu bod yn ddiogel. Bob tro y byddai'n dechrau ymlacio, roedd rhywbeth yn siŵr o'i gorfodi i wynebu'r gwirionedd creulon.

Wrth iddi nosi, llanwyd yr awyr â sêr disglair. Crynodd Edith ac estyn am flanced i'w lapio amdani. Roedd y tân yn diffodd yn araf. Dechreuodd amryw o'r plant ganu'n dawel, eu lleisiau'n ymdoddi i'w gilydd mewn harmoni hyfryd.

'Edrych,' meddai Sarah gan bwyntio tua'r awyr. 'Seren wib. Gwna ddymuniad, Edith!'

Cododd Edith ei phen mewn pryd i weld y seren wib yn naddu llwybr o olau drwy'r awyr. Gan hoelio'i llygaid arni, gwnaeth ei dymuniad, a hynny o waelod calon.

Sgowtiaid Moissac

Parhaodd y daith wersylla am bum diwrnod. Byddai'r plant yn deffro'n gynnar, yn ymolchi, bwyta brecwast, ac yna'n chwalu'r gwersyll. Anfonai Shatta batrôl allan bob bore – pump neu chwech o blant yng ngofal un o'r cynghorwyr. Eu gwaith oedd chwilio am le ar gyfer y gwersyll nesaf a gwneud yn siŵr nad oedd neb yn dilyn y grŵp mwyaf. Pan oedd hi'n glir, gadawai'r plant mewn parau, gan gario'u paciau a'u hoffer.

Roedd awyr iach y goedwig yn rhoi egni iddynt. Daeth â lliw iach a gwrid i fochau Edith, oedd mor welw ar ôl treulio misoedd o dan do. Cryfhaodd ei chorff. Teimlai'r pac, oedd yn pwyso cymaint y diwrnod cyntaf, yn llai o faich, a gallai gerdded y daith ddyddiol heb fawr o ymdrech. Roedd yna'n sicr deimlad o ryddid i'w gael yn y goedwig, a dechreuodd Edith fwynhau'r antur.

'Sgowtiaid ifanc ydan ni,' meddai Shatta. 'Dyma'n cyfle ni i fagu cymeriad a dysgu sgiliau newydd. Mae'r Sgowt yn ffrind i bawb – yn ffyddlon, yn gryf, ac yn fedrus. Defnyddiwch yr amser yma i edrych o'ch cwmpas. Dysgwch am y goedwig a'r nentydd. Wrth helpu'ch gilydd fe fyddwch chi hefyd yn eich helpu'ch hunain.'

Yn ystod y pum diwrnod, defnyddiodd Edith yr holl sgiliau a ddysgodd yn Moissac yn ogystal â dysgu sawl sgìl newydd. Daeth yn hen law ar lunio clymau anodd. Gallai hollti coed yn briciau tân. Gwyddai enwau dwsinau o flodau a choed. Gwyddai pa aeron a madarch oedd yn wenwynig a pha rai oedd yn ddiogel i'w bwyta.

Un prynhawn, perswadiodd Sarah hi i roi cynnig ar bysgota.

'Yn gynta, clyma'r llinyn 'ma wrth gangen. Bydd yn ofalus o'r bachyn,' meddai Sarah. 'Rŵan rho'r abwyd 'ma ar y lein.' Estynnodd fwydyn mwdlyd, gwinglyd i Edith.

'Na! Fedra i ddim gneud hynna.'

'Wrth gwrs y medri di. Gafael ynddo fo!'

Cuchiodd Edith wrth iddi estyn am y mwydyn. Gan ddal ei hanadl, rhoddodd y creadur aflonydd ar y bachyn a thaflu'i lein i'r dŵr. Gallai weld cysgod arian y pysgod oedd yn gwibio o dan yr wyneb.

Yn sydyn, tynhaodd ei lein yn erbyn y gangen. Cyflymodd calon Edith wrth iddi geisio'i thynnu'n ôl. Roedd yn plygu cymaint nes bygwth torri.

'Paid â thynnu'n rhy galed,' gwaeddodd Sarah. 'Mae o'n siŵr o ddianc!'

Llaciodd Edith ei gafael ryw fymryn cyn rhoi plwc arall i'r gangen. Bu'n ymladd â'r pysgodyn, yn ôl a blaen, gan adael iddo nofio i ffwrdd ac yna'i blycio tua'r lan. Roedd criw o ffrindiau a chynghorwyr yn ei hannog. Rai munudau'n ddiweddarach, daliodd Edith y pysgodyn i fyny'n fuddugoliaethus er mwyn i bawb ei weld. Y noson honno, cawsant bysgod wedi'u grilio i swper, ac roedd y pysgodyn a ddaliodd Edith yn rhan o'r pryd bwyd.

Ar y pumed diwrnod, derbyniodd Shatta air i ddweud fod y Natsïaid wedi gadael y dref. Paciodd y grŵp eu hoffer am y tro olaf a dychwelyd i Moissac. Teimlai Edith yn drist fod y daith wersylla wedi dod i ben. Roedd yr antur yn un y byddai'n ei chofio am byth. Sarah oedd yn iawn – roedden nhw wedi bod yn ddiogel ac wedi cael hwyl. Yn y goedwig, roedd Edith wedi anghofio fod y milwyr gerllaw, yn chwilio am Iddewon. Roedd hi wedi anghofio'r peryglon.

Cyn gynted ag y cyrhaeddodd y plant yn ôl i'r tŷ, aeth Edith i chwilio am Gaston. Daeth o hyd iddo yn ei ystafell, wrthi'n dadbacio.

'O, Gaston, rydw i wedi bod mor bryderus yn dy gylch di!' Gwasgodd Edith ei brawd yn dynn. 'Roedd Shatta'n dweud dy fod ti'n cuddio efo rhyw deulu. Oeddan nhw'n garedig wrthat ti?'

Nodiodd Gaston. 'Roedd yn rhaid i mi gymryd arna mai 'i mab nhw o'n i, rhag ofn i'r milwyr ddod. Ddaethon nhw ddim, ond roedd yn rhaid i mi ddal i smalio a galw'r bobol yn Maman a Papa. Ro'n i'n gallu gwneud hynny, er ei fod o'n anodd, dim ond i mi gau fy llygaid a chymryd arna fod Mutti yno.'

'Rwyt ti'n ddewr iawn, Gaston. Mi fydda Mutti'n falch iawn ohonat ti – a Tada hefyd.'

Ar ei ffordd yn ôl, daeth Edith o hyd i Eric yng ngweithdy'r saer.

'Mi ddeudis i wrthat ti y bydden ni'n iawn,' meddai.

'Be ddigwyddodd?' holodd Edith. 'Ddaeth y milwyr yma?'

'Do,' meddai. 'Yn fuan wedi i chi adael. Mae'n rhaid fod yna rhwng deg ac ugain ohonyn nhw ar batrôl. Roedden nhw'n dyrnu'r drysau. Fe aeth Cwc yno a dweud fod pawb wedi gadael. Soniodd hi ddim gair mai Iddewon ydan ni i gyd yma, wrth gwrs, dim ond dweud mai cartref preswyl i blant ydi hwn a bod pawb i ffwrdd am ychydig ddyddiau. Ond fe ddaeth y milwyr i mewn, p'un bynnag. Erbyn hynny, roedden ni wedi mynd i guddio. Tri yn yr atig y tu ôl i'r drws yn y to, a'r gweddill y tu ôl i'r pentwr coed 'na.' Pwyntiodd Eric at bentwr mawr o goed oedd yn cyrraedd o'r llawr i'r nenfwd. Ac yn wir, roedd yna gwpwrdd bach y tu ôl iddynt, o dan y grisiau cudd, oedd yn ddigon mawr i gynnwys tri neu bedwar o fechgyn. Gellid codi baricêd o goed o'i flaen fel nad oedd dim ohono i'w weld.

'Am faint y buoch chi'n cuddio?' gofynnodd Edith, gan ddychymygu'r bechgyn yn swatio yn y lle cyfyng.

Cododd Eric ei ysgwyddau. 'Dwy, efallai dair awr. Fe ddaeth y milwyr yn ôl sawl tro.' Gwenodd yn gyfrwys. 'Mae'n siŵr gen i nad oedden nhw'n credu Cwc, a'u bod nhw am roi syrpreis i ni. Ond fe lwyddon ni i gyrraedd y llefydd diogel bob tro.'

Gwnâi Eric i'r cyfan swnio mor syml, fel petai'n ddim ond gêm. Gallai fod wedi dweud, 'O do, fe fuon ni'n chwarae mig', yn hytrach na, 'O do, fe fuon ni'n cuddio rhag y Natsïaid'. Efallai nad oedd osgoi cael eu dal a llwyddo i gael y gorau ar y Natsïaid yn ddim mwy nag antur i Eric a'r lleill. Ond ni fyddai'r ofn a'r ansicrwydd byth yn gadael Edith. Roedd perygl rownd pob cornel, yn aros i'w chipio petai'n ymlacio am eiliad. Roedd yn rhaid iddi fod yn effro ac ar flaenau'i thraed drwy'r amser. Dyna'r unig ffordd o gadw'n fyw.

Awst 1943
Mae'r Tŷ yn Cau

Mewn ychydig ddyddiau llwyddodd Edith, er ei gwaethaf, i setlo i lawr i'r drefn arferol. Gan fod yr ysgol wedi cau dros wyliau'r haf, âi'r dyddiau heibio'n ddigynnwrf, a'r tywydd braf yn rhoi mwy o gyfle i hamddena. Cafwyd priodas hyd yn oed, rhwng dau o arweinwyr y grwpiau. Yn ystod y wledd briodas, cyflwynodd Eric a'r ffotograffwyr eraill albwm o luniau oedd wedi'u tynnu yn ystod y gwasanaeth i'r pâr. Er nad oedd hi'n wledd o ddifri – roedd y dogni a'r gwaharddiadau bwyd wedi gwneud yn siŵr o hynny – teimlai trigolion y tŷ'n hyderus, a hyd yn oed yn obeithiol. 'Efallai fod y rhyfel yn dod i ben,' sibrydodd y plant. 'Efallai y daw ein rhieni i'n nôl ni'n fuan.'

Byddai Edith yn gweddïo bob nos y deuai Mutti yma i'w nôl. Pan âi i weld Gaston, byddai'n cymryd arni fod hynny'n siŵr o ddigwydd. Ond nid dyna oedd hi'n ei gredu yn ei chalon. Cawsai ei harwain i feddwl ei bod yn ddiogel ormod o weithiau. Nid oedd am gymryd ei thwyllo mor hawdd y tro hwn. A phan alwodd Shatta a Bouli gyfarfod brys ym mis Awst 1943 i ddweud fod y tŷ'n cau, nid oedd hynny'n syndod i Edith, er ei bod yn teimlo'n ddigalon iawn.

'Mae pethau'n gwaethygu yn Ffrainc,' meddai Shatta. 'Dydi'r lle yma ddim yn ddiogel i chi bellach.'

Roedd yr ystafell yn ferw drwyddi. Edrychai rhai o'r plant yn syn, ac yn rhy syfrdan i allu dweud gair. Gwaeddai eraill 'Na!' a 'Rydw i eisiau aros – peidiwch â'n gyrru ni i ffwrdd!'

'Ydan ni'n mynd i wersylla eto?' gofynnodd un bachgen. 'Ddylan ni fynd ati i bacio?'

Ysgydwodd Shatta ei phen yn drist. 'Na, mae mae arna i ofn na wnâi rhai dyddiau yn y goedwig unrhyw wahaniaeth y tro yma. Mae'n rhaid i ni gau'r tŷ.'

'Rŵan fod America wedi ymuno yn y frwydr yn erbyn Hitler, rydw i'n ffyddiog na fydd y rhyfel yn para'n hir eto,' meddai Bouli. 'Mae 'na arwyddion pendant fod y Natsïaid yn mynd i gael eu gorchfygu. Fe wyddon ni eu bod nhw wedi ildio i fyddinoedd Rwsia yn Stalingrad. Ac maen nhw wedi ildio yng ngogledd Affrica hefyd. Mae'r llanw'n troi.'

'Ydi,' cytunodd Shatta. 'Mae pethau yn newid. Ond ddim yn ddigon cyflym i'n harbed ni. Mae'r awdurdodau Ffrengig yn paratoi rhestrau i'r Natsïaid o'r Iddewon sydd yn yr ardal yma fel y gallan nhw ein hanfon ni i'r gwersylloedd crynhoi, ac mae maer Moissac a'r ffrindiau sydd wedi cadw'n cyfrinach ni mewn mwy o berygl bob dydd. Fe fydd hi'n well iddyn nhw, hefyd, pe baen ni'n gadael.'

'Ond i ble'r awn ni, Shatta?' Sarah ofynnodd y cwestiwn anodd ar ran pawb. 'Pwy sy'n mynd i allu cuddio llond tŷ o blant Iddewig?'

Petrusodd Shatta cyn ateb. 'Dydi'r atebion i gyd ddim ganddon ni hyd yma. Ond fe adawn ni i chi wybod lle'r ydach chi'n mynd a phryd yn ystod yr wythnosau nesaf.' Ochneidiodd yn ddwys cyn ychwanegu, 'Does yna'r un lle ar gael sy'n mynd i allu eich cynnwys chi i gyd. Fe fyddwch chi'n mynd i gartrefi ac ysgolion preswyl, fesul dau neu dri, i aros efo pobol fydd yn barod i'ch gwarchod chi. Rydw i'n addo na fydda i'n gadael y tŷ yma nes bod pob un ohonoch chi mewn lle diogel.'

Dyna'r gair 'diogel' yna eto, meddyliodd Edith. Ydi hi'n bosibl fod yna ddigon o fannau diogel ar ein cyfer ni i gyd?

'Mae'n amhosibl i ni fyw'n agored fel Iddewon bellach,' meddai Shatta. 'Fe fyddwch chi'n cael cardiau adnabod newydd – mannau geni newydd, enwau newydd nad ydyn nhw'n rhai Iddewig. Fe fydd angen i chi ddod yn gyfarwydd â'r enwau ac ateb iddyn nhw fel pe baen nhw wedi bod ganddoch chi erioed. Mae hyn i gyd yn golygu

76

ymarfer. Ond rydw i'n sicr y byddwch chi'n gallu dysgu'r sgiliau yma, fel y bu i chi ddysgu sgiliau gwersylla. Cofiwch bob amser mai Sgowtiaid ydach chi, a bod Sgowtiaid wastad yn barod.' Cododd Shatta ei llaw i arwyddo fod y cyfarfod ar ben. Roedd golwg flinedig arni. Ni allai Edith dechrau amgyffred pa mor rhwystredig y teimlai Shatta oherwydd na allent i gyd aros efo'i gilydd.

Y prynhawn hwnnw, aeth Edith a Sarah draw i'r gweithdy ffotograffiaeth. Roedd Eric ac amryw o'r plant hŷn wrthi'n rhoi trefn ar bapurau a dogfennau.

'Edrychwch,' meddai, gan ddal un o'r tudalennau i fyny. 'Mae'r eglwys wedi rhoi tystysgrifau bedydd i ni. Gan nad oes 'na enwau arnyn nhw, fe allwn ni eu defnyddio ar gyfer pawb yn y tŷ.' Byddai'r dogfennau hyn yn tystio fod Edith a'r lleill wedi cymryd rhan yn y seremoni grefyddol oedd yn eu gwneud yn aelodau o'r Eglwys Gatholig.

'Mae Shatta'n dweud ein bod ni i gyd yn cael enwau newydd,' meddai Sarah. 'Pwy fydda i tybed?'

'Dyna be ydi cwestiwn gwirion,' meddai Edith. 'Sarah wyt ti. Dim ond masg i guddio y tu ôl iddo fo ydi hwn. Cymryd arnat, yntê? Yr un un fyddi di.'

'Os ydi'r cynllun yn mynd i weithio, fe fydd yn rhaid i ti neud mwy na chymryd arnat,' meddai Eric. 'Fedri di ddim tynnu'r masg a gweiddi, "Syrpreis! Mi dw i wedi dy dwyllo di!" Mi fydd yn rhaid i ti dderbyn dy enw newydd a chredu mai rhywun arall wyt ti. Edrychwch.' Pwyntiodd Eric at yr enw dan y llun ohono ar un o'r cardiau adnabod. 'Etienne Giroux ydw i rŵan.'

Roedd hyn yn swnio'n amheus i Edith. Be oedd Mutti wedi'i ddweud wrthi cyn ei gadael yma yn Moissac? 'Cofia pwy wyt ti.' Sut y gallai fod yn rhywun arall?

'Os gwn i i ble cawn ni'n hanfon,' meddai Sarah. 'Tybed gawn ni aros efo'n gilydd?'

Nid oedd Edith wedi meddwl am hynny. Roedd Shatta wedi dweud eu bod yn cael eu hanfon i ffwrdd mewn grwpiau bychain, a hithau wedi cymryd yn ganiataol y byddai'n cael aros efo rhai o'i ffrindiau o leia. Roedd meddwl am fod ar ei phen ei hun yn fwy brawychus fyth.

'Wel, dydw i ddim yn mynd i gael fy anfon i unman,' meddai Eric.

'Be wyt ti'n 'i feddwl?' gofynnodd Edith. 'Mae pawb yn mynd i le diogel.'

'Ond nid y fi,' atebodd Eric. 'Rydw i'n gadael, i ymuno â'r Gwrthsafiad yn nwyrain Ffrainc. Fe fydd y papurau 'ma yn mynd â fi ar draws y wlad i ymladd yn erbyn y Natsïaid. Be ydach chi'n ei feddwl o hynny?'

Syllodd Edith yn syfrdan ar Eric. Gwyddai am y Gwrthsafiad. Gwyddai fod grwpiau o ddynion a merched ledled Ewrop yn mentro'u bywydau er mwyn atal Hitler a'i fyddinoedd – yn lladrata arfau, yn dinistrio rheilffyrdd a chyflenwadau ffrwydron, ac yn trosglwyddo gwybodaeth i'r Cynghreiriaid. Cristnogion oedd y rhan fwyaf o'r rhai oedd yn ymladd, ond roedd yna ddynion a merched Iddewig yn eu mysg. A rŵan roedd Eric ar fin ymuno â nhw.

'Mae'r Iddewon yn gwrthryfela lle bynnag mae hynny'n bosibl,' ychwanegodd Eric. 'Roedd yna wrthdaro yng ngeto Warsaw ychydig fisoedd yn ôl. Gwrthododd yr Iddewon oedd yno gael eu carcharu ddim rhagor. Rydw innau eisiau gwrthryfela hefyd.'

Gwyddai Edith am geto Warsaw. Onid oedd Bouli wedi sôn wrthynt am y gwrthdaro a fu yno? Ond cawsai miloedd o ddynion, merched a phlant Iddewig eu lladd yn y gwrthryfel. Roedd Eric fel petai wedi anghofio am hynny. Ond ni fyddai dim yn rhwystro Eric rhag gwneud yr hyn yr oedd yn benderfynol o'i wneud. Ni allai Edith ond dymuno lwc dda iddo.

'Pryd wyt ti'n gadael, Eric?' gofynnodd yn dawel.

'Yn fuan,' atebodd. 'Pan fydd y cardiau adnabod yma wedi'u gorffen. Paid ag edrych mor ddigalon. Does 'na neb wedi 'nal i hyd yma. Nag yn debygol o neud. P'un bynnag, fi ydi'r ffotograffydd swyddogol ar hyn o bryd, a gan eich bod chi yma mi fydda'n well i mi dynnu'ch lluniau chi ar gyfer y dogfennau newydd.'

Safodd Edith a Sarah i gael tynnu eu lluniau. Pan ddaeth ei thro hi, syllodd Edith yn ddifrifol ar y camera. Heb wên ar ei hwyneb, gwnaeth addewid ddistaw. *Dim ots be mae'r papurau'n ei ddeud, wna i byth anghofio pwy ydw i, Mutti.*

Cofia Pwy Wyt Ti

Yn ystod y dyddiau nesaf, galwodd Shatta a Bouli'r plant atynt fesul grŵp er mwyn dangos eu cardiau adnabod iddynt a'u helpu i ymarfer eu henwau newydd. Syllodd Edith ar ei llun ar y ddogfen newydd. Ei hwyneb hi oedd yn syllu'n ôl arni, yn ddifrifol ac yn ddi-wên. Ond yr enw dan y llun oedd yn hawlio'i sylw. Nid Edith Schwalb oedd hi bellach, ond Edith Servant. Sibrydodd yr enw lawer gwaith, gan rowlio'r sain estron am ei thafod. Edith Servant. Edith Servant. Wel, o leia roedd hi wedi cael cadw'i henw cyntaf. Roedd hynny'n beth cysur. Ond, a hithau wedi treulio un ar ddeg o flynyddoedd fel Edith Schwalb, roedd yn anodd iawn dygymod â'r enw dieithr.

Edrychodd Edith ar Sarah. Roedd ei hwyneb yn welw, a symudai ei gwefusau fel petai'n paratoi ar gyfer prawf.

'Wel? Be ydi dy enw di?' holodd Edith.

Caeodd Sarah ei llygaid a sibrwd, 'Simone. Simone Carpentier.'

Nodiodd Edith. Nid oedd dim i'w ddweud. Syllodd ar y groes ar ei thystysgrif bedydd. Roedd honno hyd yn oed yn ymddangos yn od gyferbyn â'i henw ar y papur. Pabyddes oedd Edith Servant. Oedd hynny'n golygu fod yn rhaid i Edith Schwalb roi heibio'i chrefydd Iddewig?

'Rydw i am i chi ymarfer eich enwau newydd,' meddai Shatta wrth y grŵp. 'O hyn ymlaen rhaid i chi roi'r gorau i ddefnyddio'r hen enwau a galw'ch gilydd wrth y rhai newydd yn unig.' Gafaelodd Shatta ym mhapurau Sarah. 'Os ydw i'n dweud yr enw Sarah, dwyt ti ddim i ateb,' meddai gan edrych i fyw llygaid Sarah. 'Does yna ddim

Cerdyn adnabod geneth a gafodd ei henwi yn Irene Marie Jerome. Ei henw iawn oedd Inge Joseph. Roedd gan Edith gerdyn adnabod ffug tebyg i hwn.

ymateb i fod o gwbl – dim un symudiad, na hyd yn oed nòd.' Dychwelodd Shatta'r papurau a symud ymlaen. 'Dwedwch eich enwau newydd drosodd a throsodd nes eu bod nhw'n swnio'n hollol naturiol. Mae'ch diogelwch chi'n dibynnu ar hynny. Allwch chi ddim fforddio'r un camgymeriad, gan na fydd yna ail gynnig.'

'Mae yna fan geni newydd ar bob cerdyn adnabod,' ychwanegodd Shatta, wrth iddi grwydro o gwmpas yr ystafell. 'Dysgwch enw'r ddinas neu'r dref lle cawsoch chi'ch geni. Gwnewch yn siŵr eich bod chi'n gwybod sut i'w sillafu. Rhowch brawf ar eich gilydd nes eich bod chi'n gallu dweud yr enw heb unrhyw drafferth.'

Yn ôl y dogfennau, cawsai Edith Servant ei geni mewn lle o'r enw Enghien-les-Bains. Cododd Edith ei llaw mewn braw. 'Shatta! Be ydi hwn? Dydw i erioed wedi clywed am En . . . En . . .' Rhoddodd y gorau i geisio'i ddweud.

Edrychodd Shatta ar y papur. 'Enghien-les-Bains,' meddai. 'Dinas ryw ugain cilometr i'r de o Baris.'

Gwasgodd Edith ei llygaid yn dynn er mwyn dal y dagrau'n ôl. Sut y gallai argyhoeddi neb ei bod yn dod o ddinas na wyddai ddim amdani? Beth petai rhywun yn gofyn iddi ddisgrifio'r lle? Neu ofyn iddi ar ba stryd yr oedd hi'n byw, neu beth oedd enw'i hysgol? Be oedd hi'n mynd i'w ddweud? Roedd ar ben arni. Enghien-les-Bains. Y gair Ffrangeg am 'baddonau' oedd 'bains'. Efallai eu bod nhw'n gwneud baddonau yno. Na, peth gwirion oedd meddwl hynny. Ond roedd dyfeisio bywyd newydd yn wirionach fyth,

Roedd y cyfarfod drosodd. Anadlodd Edith yn ddwfn. 'Tyrd yn dy flaen . . . Simone,' meddai. 'Fe awn ni i ymarfer.'

Gadael Moissac

Safai Edith ar stryd anghyfarwydd wedi'i hamgylchynu gan bobl nad oedd yn eu hadnabod. Rhythai dynion dig arni, gan godi'u dyrnau, a phwyntiai milwyr eu gynnau ati. Roedd yno blant dieithr yn syllu ac yn ysgwyd eu pennau'n drist. Gwaeddai pawb yr un cwestiwn, gan fynnu ateb: Be ydi d'enw di?

Fy enw i? Fy enw i, meddyliodd, gan edrych o'i chwmpas yn wyllt am rywun i'w helpu. O'r diwedd, sibrydodd yn ddiymadferth, 'Edith. Edith ydi f'enw i.'

'Edith be?' gwaeddodd y dyrfa. 'Be ydi d'enw di?'

'Edith . . . Edith . . .' O, be oedd yr enw ar ei phapurau? Pam nad oedd hi wedi ymarfer? Roedd hi'n rhy hwyr bellach. Byddai'n cael ei restio am na allai gofio'i henw. 'Dim ond Edith,' llefodd.

'Wyddost ti ddim pwy wyt ti?' bloeddiodd y dyrfa.

Mi wn i pwy ydw i, meddyliodd mewn anobaith. *Dydw i ddim wedi anghofio, Mutti. Ond wn i ddim be ydi f'enw newydd i!* Closiodd y bobl tuag ati gan weiddi a chrafangio amdani.

Neidiodd Edith ar ei heistedd yn y gwely, yn ymladd am ei hanadl. Yna dechreuodd y cysgodion yn ei hystafell wely gymryd ffurfiau cynefin, a gallai glywed sŵn anadlu ei ffrindiau. Roedd y lleuad a ddisgleiriai drwy'r ffenestr yn taflu golau cynnes, cysurus dros bopeth. Gorweddodd yn ôl, gan aros i'w chalon dawelu.

Dydi hyn byth yn mynd i weithio, meddyliodd. *Fedra i ddim bod yn rhywun arall. Fedra i ddim cymryd arna drwy'r amser heb wneud yr un camgymeriad.* Roedden nhw'n gofyn cymaint ganddi hi a'r lleill a hwythau mor ifanc. Yn un ar ddeg oed, dylai fod yn meddwl am bartïon a chwaraeon, nid yn celu pwy oedd hi mewn ymdrech i gadw'n fyw. Caeodd Edith ei llygaid, ond ni allai gysgu. Gorweddodd yno'n gwasgu'i gobennydd nes i belydrau cyntaf haul y bore lifo i mewn i'r ystafell.

∽

Gynted y gorffennodd ei thasgau, aeth Edith i weld Gaston. 'Rwyt ti wedi gwneud hyn o'r blaen, Gaston,' meddai, pan oedden nhw'n eistedd efo'i gilydd ar garreg y drws. 'Wyt ti'n cofio aros efo'r teulu hwnnw pan aethon ni i wersylla? Fe ddaru ti gymryd arnat fod yn fab iddyn nhw, yn do, a'u galw nhw'n Maman a Papa? Mi wyt ti'n un da am smalio bach.'

Roedd Gaston yn ymddangos yn dawelach ac yn fwy tawedog nag erioed. 'Ga i ddod efo chdi pan fyddi di'n gadael?'

'Shatta a Bouli sy'n penderfynu lle'r ydan ni'n mynd. Mi wyt ti'n gwybod hynny, Gaston. 'Taswn i'n cael dewis, fe fyddan ni'n dau'n mynd i guddio efo'n gilydd nes i Mutti ddod i'n nôl ni. Ond . . .'

Trodd Gaston ei ben draw. Eisteddodd y ddau'n fud nes y daeth yn bryd i Edith adael. Cofleidiodd ei brawd, ac addo y byddai'n dod i'w weld trannoeth. Ond ofnai efallai na fyddai modd iddi gadw'i haddewid. Roedd nifer o fechgyn a merched eisoes wedi mynd i guddio. Byddent yn gadael yn ddistaw bach yng ngofal y cynghorwyr, yn y nos fel rheol, rhag tynnu sylw. Ni fyddai neb yn holi i ble roedden nhw wedi mynd. Roedd yn well peidio gwybod. Yn y bore, y gwlâu blêr oedd yr unig brawf iddyn nhw fod yno o gwbwl. Diflannodd Eric hefyd un noson, yng nghwmni amryw o fechgyn eraill. Ni chafodd Edith gyfle i ffarwelio. Byddai'n syllu o gwmpas yr ystafell bob nos, yn meddwl tybed pwy fyddai yno yn y bore. Ac yn meddwl tybed pryd y deuai ei thro hi.

Ni fu'n rhaid iddi aros yn hir. Un noson, teimlodd rhywun yn cyffwrdd yn ysgafn â'i hysgwydd.

'Deffra, Edith.' Trodd Edith ar ei chefn a syllu i fyny ar arweinydd y côr. 'Mae'n amser mynd,' sibrydodd Henri. 'Gwisga amdanat mor sydyn ac mor dawel ag sydd modd.'

Yn y gwely nesaf, roedd Sarah hefyd yn paratoi i godi. Prin bod Edith wedi meiddio gobeithio y byddai hi a Sarah yn cael gadael efo'i gilydd. Gwisgodd yn frysiog ac estyn am y cês bach oedd wedi'i bacio'n barod ac wedi'i roi o dan y gwely. Gadawodd Sarah a hithau'r ystafell ar flaenau'u traed.

Roedd Henri a dwy eneth arall yn aros amdanynt. Cerddodd y pump ohonynt i lawr y grisiau'n dawel bach ac allan o'r tŷ. Ni fu i Edith droi'n ôl y tro hwn. Nid oedd am gofio'r tŷ fel ysbryd yn y tywyllwch, dim ond fel yr oedd yng ngolau dydd, y rhif 18 yn disgleirio yn yr haul a phlant ym mhob ffenestr, yn chwerthin ac yn clebran. Meddyliodd am funud tybed oedd Shatta'n eu gwylio. Nid oedd wedi dweud ffarwél wrth Shatta, na Bouli, na'r un o'r plant eraill.

Cofiodd Shatta'n dweud yn y cyfarfod olaf, 'Does 'na ddim ffarwelio dagreuol i fod. Rydach chi i gyd yn fy nghalon i, ac fe gawn ni gyfarfod yma eto, pan fydd y rhyfel 'ma drosodd.'

Efallai fod hynny am y gorau. Sut y gallai fod wedi ffarwelio â Shatta a Bouli? Sut y gallai fod wedi diolch iddynt am bopeth yr oedden nhw wedi'i wneud? Teulu oedden nhw. O hyn ymlaen, byddai'n ychwanegu eu henwau at rai Tada, Mutti, Therese a Gaston yn ei gweddi bob nos.

Cartref Newydd

Pan gyrhaeddon nhw'r orsaf, cafodd Henri gyfle i siarad â'r merched cyn i'r trên ddod. 'Rydw i am i chi gael gwybod lle'r ydach chi'n mynd.' Sibrydodd Henri'r geiriau, er bod y platfform bron yn wag. 'Fe fyddwn ni'n teithio tua chan cilometr i'r gorllewin, i dref fechan Ste-Foy-la-Grande yn ardal Gironde. Yno, fe awn ni i ysgol breswyl lle byddwch chi'n aros. Mae'r rheolwraig yn ein disgwyl ni. Hi ydi'r unig un sy'n gwybod pwy ydach chi o ddifri, a'ch bod chi'n Iddewon. A hi ydi'r unig un sydd i gael gwybod.'

Oedodd Henri er mwyn rhoi cyfle iddynt ystyried hyn. Ysgydwodd y merched eu pennau fesul un – roedden nhw yn deall. Byddai'r dref newydd hon yn wahanol i Moissac ym mhob ffordd: neb i gadw'u cyfrinach yn ddiogel, na'r un maer i'w rhybuddio o berygl.

Cyrhaeddodd y trên, ac ni chafodd Henri gyfle i ddweud rhagor. Dringodd ef a'r genethod i gerbyd trydydd dosbarth, ac eistedd yn wynebu'i gilydd ar y meinciau pren. Taflodd Edith gipolwg ar y teithwyr. Tua hanner y ffordd i lawr y cerbyd, roedd hen ŵr a'i wraig yn cysgu. Roedden nhw wedi dechrau hepian yr eiliad y gadawodd y trên yr orsaf, eu pennau'n siglo i rhythm yr olwynion. Rai seddau oddi wrthynt, eisteddai merch ifanc a'i thrwyn mewn llyfr. Ni chododd ei phen o gwbl. Meddyliodd Edith tybed a allai unrhyw un o'r rhain ddweud mai ffugio bod yn rhywun arall oedd hi.

Daeth y casglwr tocynnau heibio. 'Billets! Tocynnau,' galwodd. Dihunodd yr hen gwpwl; rhoddodd y ferch ifanc ei llyfr i lawr. Estynnodd Henri'r tocynnau i'r casglwr, a thaflodd yntau olwg sydyn ar y grŵp cyn symud ymlaen. Aeth yr hen gwpwl yn ôl i gysgu a'r ferch ifanc yn ôl at ei llyfr.

Gwnaeth Henri arwydd ar y merched i glosio ato. 'Mae'n rhaid i mi gael gorffen dweud hyn wrthoch chi,' meddai, a'i lygaid yn gwibio yma ac acw i weld a oedd rhywun yn gwrando neu'n edrych arnynt. Ond nid oedd neb yn cymryd unrhyw sylw.

'Fe fydd y genethod sydd yn yr ysgol breswyl wedi cael gwybod fod grŵp o blant amddifaid yn dod yno i aros. Gan fod eich rhieni chi wedi cael eu lladd, does ganddoch chi unman arall i fynd, ac mae'r ysgol wedi cytuno i'ch derbyn chi.'

Dyma'r darn olaf o'r darlun ffug. Roedd gan Edith enw newydd, man geni newydd, ac roedd ei rhieni wedi marw.

'Mi wn i eich bod chi wedi bod yn ymarfer ers wythnosau, ond mae'n rhaid i mi ailadrodd hyn. Fe fydd yn rhaid i chi alw'ch gilydd wrth yr enwau newydd o hyn allan, hyd yn oed pan nad oes neb o gwmpas. Mae'n rhaid i chi geisio anghofio pwy oeddech chi.'

Na. Byth! meddyliodd Edith.

'Ceisiwch gael gorffwys rŵan,' meddai Henri. 'Mi fyddwn ni'n newid trên yn nes ymlaen, ac fe fydd hi'n fin nos cynnar arnon ni'n cyrraedd Ste-Foy-la-Grande. Rydw i wedi dod â bara a chaws i ni.'

Ni ddywedodd neb air am weddill y siwrnai. Yn rhyfedd iawn, nid oedd Edith yn teimlo'n ofnus. Roedd hi'n hollol ddigyffro. Edrychai Sarah, oedd yn eistedd yn dawel wrth ei hochr, yr un mor syfrdan. Syllodd Edith ar y ddwy ferch arall. Roedden nhw'n hŷn na hi. Nid oedd yn adnabod un ohonynt yn dda, ond Ida oedd y llall, yr eneth oedd wedi sôn wrth Edith a Therese am y tŷ yn Moissac. Roedd yn rhyddhad ac yn gysur gwybod y bydden nhw i gyd efo'i gilydd yn yr ysgol breswyl. Cafodd Suzanne, yr hynaf, gadw'i henw, fel Edith, ond Irene oedd Ida erbyn hyn. Simone, Edith, Irene a Suzanne. Sibrydodd Edith yr enwau drosodd a throsodd a'u troi'n rhigwm bach.

Simone, Edith, Irene a Suzanne,
Tair Iddewes heb gartre'n un man . . .

Bu'r rhigwm gwirion yn canu yn ei chlustiau fel tôn gron nes iddynt gyrraedd Ste-Foy-la-Grande.

O bellter, un ddigon disylw oedd yr ysgol, adeilad brics sgwâr, deulawr ar stryd dawel. Roedd cwrt bychan o'i blaen, wedi'i hamgylchynu â rheiliau haearn, a hwnnw'n llawn o goed ynn prydferth, eu dail gwyrdd cain yn disgleirio yn y gwyll. Roedd mynwent y drws nesaf i'r ysgol, a chrynai Edith wrth feddwl am gael cerrig beddau'n gymdogion. Dilynodd y genethod Henri i fyny'r grisiau ac i ystafell y rheolwraig.

'Mae eich derbyn chi yma'n fenter fawr i ni,' meddai'r rheolwraig, Madame Picot, wrth iddi gyfarch y plant. Roedd hi'n ymddwyn yn ffurfiol, heb na geiriau caredig Shatta na chynhesrwydd Bouli. 'Peidiwch byth . . . ac mae hynny'n golygu byth . . . â datgelu eich henwau iawn na'ch crefydd,' meddai. 'Fe fydd eich bywydau chi mewn perygl os gwnewch chi hynny, a'n bywydau ninnau hefyd. Pabyddion amddifaid ydach chi, wedi dod i letya yma.'

Camodd Henri ymlaen. 'Rydan ni'n gwerthfawrogi popeth yr ydach chi'n ei wneud,' meddai. 'Mae'r plant yn deall eich bod chi'n mentro wrth eu derbyn yma, ac fe fyddan nhw'n ofalus. Dyma'u tystysgrifau bedydd, eu cardiau adnabod, a'u cardiau dogni,' ychwanegodd, gan estyn y dogfennau iddi.

'Mae bwyd yn brin yma,' meddai'r rheolwraig. 'Ond rydan ni'n gwneud ein gorau.' Llygadodd Madame Picot y merched unwaith eto. 'Ychydig iawn sy'n fodlon rhoi lletý i blant Iddewig y dyddiau hyn. Mi fydda i'n disgwyl i chi fod yn ddiolchgar am beth bynnag fyddwch chi'n ei gael.'

Trodd Henri'n ôl at Edith a'r merched eraill. 'Mae'n rhaid i mi fynd. Ond fe ddaw un ohonon ni i'ch gweld chi unwaith y mis, os gallwn ni.' Estynnodd bedwar pecyn bach o'i boced. 'Siocled – gan Cwc, yn anrheg ffarwél. Edrychwch ar ôl eich gilydd.' Ac yna gadawodd.

Edrychodd Edith ar y siocled, trysor bach mewn cyfnod o ddogni.

Ond byddai wedi bod yn barod iawn i wneud hebddo, dim ond iddi gael bod yn ôl yn Moissac.

'O'r gorau,' meddai Madame Picot, wedi i Henri adael. 'Dilynwch fi. Fe gewch chi ddadbacio a chyfarfod y genethod eraill.'

Dilynodd y merched y rheolwraig i fyny'r grisiau. Oedodd wrth ddrws un ystafell a dweud wrth Ida a Suzanne am fynd i mewn. Yna aeth yn ei blaen i ystafell Edith a Sarah.

Mor ddiraen oedd yr ystafell – mor wahanol i Moissac, lle roedd popeth yn lân ac yn dwt! Roedd y waliau'n fudr, nifer o silffoedd wedi torri, y llawr coed wedi cracio a cholli'i liw, ac arogl sur yn llenwi'r awyr. Roedd yno o leiaf ugain o wlâu, ffenestri uchel, budron ar hyd un wal, a rhes o fasnau ymolchi ym mhen pella'r ystafell. Roedd Edith yn falch o weld fod y ddau wely gwag wrth ochr ei gilydd. Rhoddodd y ddwy eu cesys ar y gwlâu a dechrau dadbacio. Pan edrychodd Edith allan drwy un o'r ffenestri, teimlodd ias oer wrth sylwi fod yr ystafell gyferbyn â'r fynwent.

'Os na fyddi di'n ofalus, fe fydd yr ysbrydion yn codi ganol nos ac yn dy gipio di tra byddi di'n cysgu.'

Trodd Edith i wynebu nifer o enethod oedd yn syllu arni hi a Sarah.

'Be ydi d'enw di?' Yr eneth dalaf oedd yn siarad. Roedd y merched i gyd yn edrych yn hŷn na hi, ac nid oedd golwg rhy gyfeillgar arnynt. Merched ffermydd oedd y rhan fwyaf ohonyn nhw, yn ôl Henri, yn byw yma yn ystod yr wythnos ac yn mynd adref i'w cartrefi yn y wlad ar benwythnosau. 'Be ydi d'enw di?' gofynnodd yr eneth eto, yn uwch y tro hwn.

'Edith,' atebodd, ac yna petruso. 'Edith Servant.' Roedd blas dieithr i'r enw.

'Helô. Simone Carpentier ydw i.'

O ble roedd Sarah wedi cael y fath hyder, meddyliodd Edith.

Syllodd y genethod ar Sarah ac Edith am ryw hyd, ac yna troi i ffwrdd yn ddifater.

'Plant amddifaid,' mwmialodd yr eneth dal.

Nid oedd gan Edith fawr i'w ddadbacio, ac ni chymerodd ond ychydig funudau iddi osod ei phethau ar y silff fach wrth ei gwely.

Gorweddodd ar y gwely. Edrychai'r ystafell fel petai pawb wedi troi cefn arni a'i gadael yn unig. Er bod Sarah yma efo hi, felly'n union y teimlai Edith. Nid oedd ganddi na rhieni na brawd na chwaer i roi cysur iddi. Nid oedd ganddi bobl y tŷ yn Moissac i'w gwarchod. Ni fyddai hyd yn oed yn meddwl am Sophie erbyn hyn, nac yn sibrwd wrthi pan fyddai arni angen rhywbeth i ddal ei gafael arno. Sylweddolodd Edith nad oedd ganddi ond hi ei hun i ddibynnu arni – hi ei hun a'i hatgofion.

Syllodd Edith allan drwy'r ffenestr, gan geisio osgoi edrych ar y fynwent a'r twll yn ei blanced byglyd. Roedd hi wedi ymlâdd; wedi blino ar ôl y daith ac ar fod yn Edith Servant. Ac nid oedd hwn ond y diwrnod cyntaf. Sut yn y byd yr oedd hi'n mynd i allu ymdopi yn ystod y dyddiau a'r wythnosau nesaf?

Roedd sêr cynta'r nos yn pefrio yn yr awyr lwyd. Ymddangosodd ewin o leuad ar y gorwel. Gwyliodd Edith yr awyr yn tywyllu. Nos Wener oedd hi. Petai'n ôl yn Moissac, byddai pawb yn paratoi ar gyfer y Sabbath: llieiniau claerwyn a chanwyllbrenni ar y byrddau, cawl cyw iâr, a'r côr yn canu.

Edrychodd o gwmpas yr ystafell. Roedd y genethod nad oedd wedi gadael dros y penwythnos yn darllen neu'n sgwrsio. Yn sydyn, cafodd syniad. Amneidiodd ar Sarah. Er bod golwg ddryslyd ar ei ffrind, aeth i ddilyn Edith o'r ystafell ac i lawr y coridor. Gwnaeth Edith arwydd arni i aros wrth yr ystafell wely arall. Daeth allan funud yn ddiweddarach, ac Ida a Suzanne i'w chanlyn. Cerddodd y merched ar flaenau'u traed i lawr y grisiau ac allan drwy'r drws cefn i'r iard fawr. Yna gwibio ar draws yr iard i le bach o'r neilltu o olwg y tŷ. Wedi iddynt gyrraedd y gornel bellaf, arhosodd Edith a throi at y lleill.

'Shabbat shalom,' meddai'n gynhyrfus. Disgleiriai ei llygaid fel y sêr oedd yn pefrio uwch ei phen. 'Heddwch i chi'r Sabbath hwn.'

Daliodd Sarah ei gwynt mewn dychryn, a syllodd Ida a Suzanne o'u cwmpas yn gyffrous. Oedd yna rywun yn gwylio? Oedd rhywun yn gallu eu gweld? A allai rhywun glywed yr hyn oedden nhw'n ei ddweud?

'Shabbat shalom,' meddai Edith wedyn. 'Os siaradwn ni'n dawel, all neb ein clywed ni allan yma.'

Petrusodd Sarah. 'Shabbat shalom,' sibrydodd o'r diwedd.

'Shabbat shalom,' meddai Ida, ac yna Suzanne.

Gafaelodd Edith yn nwylo'i ffrindiau a dechreuodd y genethod ddawnsio mewn cylch. Roedden nhw'n canu'n dawel bach ac yn camu'n ysgafn, yn ymwybodol fod yr ystafelloedd gwely o fewn cyrraedd ac y gallai rhywun eu gweld. Dechreuodd y dawnsio gyflymu nes eu bod yn chwyrlïo o gwmpas ac yn troelli'i gilydd rownd a rownd, gan deimlo llawenydd nad oedden nhw wedi'i brofi ers amser hir. Dawns Iddewig o ddathliad oedd hon. Gwyddai Edith y byddai'n rhaid iddi gymryd arni fod yn rhywun arall fore trannoeth; ond ar hyn o bryd, o dan y sêr, yn heddwch y nos Sabbath hon, dawnsiodd i adfer ei ffydd a'i rhyddid.

1943
Ste-Foy-la-Grande

Roedd bywyd yn galed i Edith yn y tŷ newydd. Nid oherwydd bod y merched Iddewig yn cael eu cam-drin. Nid oedd neb yn fwriadol greulon. Cael eu hanwybyddu yr oedden nhw, fel pe baen nhw ddim yn bod. Ni ddangosai neb garedigrwydd tuag atynt nac unrhyw ddiddordeb ynddynt. Nid edrychai neb ar eu holau. Ac yn niffyg cynghorwyr oedd yn malio, a heb ofal Shatta a Bouli, fe'i câi Edith hi'n amhosibl edrych ar ei hôl ei hun.

Bob dydd, byddai'n gwsigo'r unig ffrog oedd ganddi i fynd i'r ysgol. Nid oedd wedi gallu dod â fawr o ddillad o Moissac: un ffrog, un sgert, un oferôl, ychydig barau o ddillad isaf a sanau. Ceisiai Edith a Sarah olchi'u dillad yn y sinc, ond roedd sebon yn brin, ac âi dillad Edith yn futrach ac yn fwy rhacsiog o un wythnos i'r llall.

Yn waeth fyth, roedd hi ei hun yn mynd yn futrach a butrach. Nid oedd cyfle i gael bath mewn lle mor fochaidd. Ymhen amser, gan nad oedd neb yn malio, dechreuodd Edith hithau roi'r gorau i falio. Yr unig bethau i edrych ymlaen atynt oedd ymweliadau Germaine.

Roedd Henri wedi addo y byddai rhywun o Moissac yn ymweld â'r merched ac yn dod â chardiau dogni newydd iddynt bob mis. Y tro cyntaf i Germaine gyrraedd, bu ond y dim i Edith â neidio i'w breichiau. Daeth Germaine â darn bach o siocled yr un i'r merched, yn ogystal â llond côl o gydymdeimlad.

Anfonwyd Edith (yn eistedd ar y dde) i'r ysgol yn Ste-Foy-la-Grande gydag Ida (cefn chwith), Suzanne (yr ail o'r dde yn y cefn) a Sarah (yn eistedd ar y chwith).

'Y peth cynta ydw i am ei wneud,' meddai, 'ydi mynd â'r pedair ohonoch chi i'r baddondy.' Dilynodd y merched Germaine drwy'r dref, heibio i'r rhes fechan o dai bwyta, y siop lyfrau, a'r eglwys. Ni thalodd neb unrhyw sylw iddynt, er eu bod yn edrych mor ddiraen â phlant y strydoedd.

Wedi iddynt gyrraedd y baddondy, rhoddodd Germaine ddarnau bach o sebon i'r merched. Roedd teimlo'r dŵr cynnes ar ei chorff yn nefoedd ar y ddaear i Edith. Taflodd ei phen yn ôl, agor ei cheg, a gadael i'r dŵr dasgu drosti gan olchi i ffwrdd holl fudreddi'r mis, y tristwch a'r unigrwydd. Petai ond yn gallu mynd yn ôl efo Germaine – yn ôl i gynhesrwydd Moissac. Yno, roedden nhw wedi'i gwarchod a gofalu amdani.

Ysai Edith am gael gofyn llu o gwestiynau i Germaine: Oedd hi wedi gweld Gaston? I ble roedd Eric wedi mynd? Oedd o'n ddiogel? Beth am Shatta a Bouli? Ond roedd hi'n synhwyro y byddai gwybod yr atebion i'r cwestiynau yn bygwth diogelwch y rhai oedd hi'n eu caru. Felly, ni ddywedodd air, dim ond gwneud yn fawr o'r amser yng nghwmni Germaine a theimlo'n ddigalon bob tro y bydden nhw'n gorfod ffarwelio.

Er bod ymweliadau Germaine yn help, nid oedd un bath y mis yn ddigon i gadw'r budreddi a'r llau i ffwrdd. Ar y dechrau, meddyliai Edith a Sarah mai gwalltiau budron oedd yn achosi'r cosi ac yn gwneud iddynt grafu eu pennau. Ond ni allent anwybyddu'r ffaith mai llau pen oedd yn gyfrifol.

Ni fyddai'r merched fferm yn talu fawr o sylw i'r llau. Byddent yn torri'u gwalltiau'n fyr neu'n trin eu pennau â pharaffîn er mwyn lladd y pla. Rhoddodd Edith a Sarah gynnig ar y driniaeth hefyd. Bu hynny o help i Edith, ond nid i Sarah.

'Mae'r cosi 'ma'n fy ngyrru i'n lloerig,' cwynodd yn gynnar un bore pan oedd Edith a hithau'n eistedd wrth y stof yn yr ystafell ddosbarth ar y llawr isaf. Gan ei bod yn fis Tachwedd, roedd eu hystafell wely'n ddychrynllyd o oer, ac nid oedd fawr o wres yn unman arall yn y tŷ chwaith.

'Rhaid i ti roi'r gorau i grafu, Sarah,' meddai Edith. 'Edrych be wyt ti'n ei wneud i dy ben!' Roedd croen pen Sarah yn gignoeth, a gwrymiau cochion hyll i'w gweld drwy'r gwallt hir a fu unwaith mor brydferth.

'Alla i ddim peidio,' meddai Sarah, gan eistedd ar ei dwylo. 'Rydw i'n teimlo fel pe baen nhw'n bwyta i mewn i 'mhenglog i!' Dechreuodd grafu eto. Tynnodd leuen fach oddi tan ei hewin, a'i harchwilio'n fanwl.

'Sut gall rhywbeth mor fach fod mor atgas?' gofynnodd, gan fflicio'r lleuen ar y stof. Gorweddodd yno am eiliad, yna dechreuodd ffrwtian a dawnsio i fyny ac i lawr. O'r diwedd, ffrwydrodd o flaen eu llygaid. Edrychodd Edith a Sarah ar ei gilydd mewn syndod, ac yna dechreuodd y ddwy rowlio chwerthin.

'Dyna wnawn ni!' llefodd Sarah. 'Eu chwythu nhw i fyny! Da bo'ch chi'r llau!'

Aeth Edith a hithau ati i dynnu'r llau o wallt Sarah a'u taflu ar y stof boeth. Roedd eu gwylio'n hisian ac yn clecian, un ar ôl y llall, yn beth cwbl wallgof, ac eto'n sbort.

'Cymer hynna'r lleuen hyll!' gwaeddodd Edith. 'Dyna sydd i'w gael am feiddio dod yn agos ata i!' O un oedd fel arfer mor bwyllog a thyner, teimlai'n gryf ac yn hyderus. Ac roedd hwnnw'n deimlad arbennig o dda. Bu Sarah a hithau'n ffrwydro'r llau nes iddynt glywed yr athrawes a'r genethod yn nesu. Yna neidiodd y ddwy i'w seddau, gostwng eu pennau, a cheisio edrych mor ddisylw ag oedd modd. Roedd yr hwyl ar ben.

Ond er mor ddifyr fu hynny, nid oedd wedi datrys problem Sarah.

Roedd hi'n dal i grafu a chripio croen ei phen. Ceisiodd roi'r gorau iddi. Ceisiodd anwybyddu'r cosi dychrynllyd. Gwisgodd fenyg, ddydd a nos, i'w chadw rhag crafu, ond daliai'r llau i nythu, ac wrth i'r crafu barhau âi'r gwrymiau cochion yn fwy llidiog a phoenus. Os oedden nhw am rwystro'r briwiau rhag mynd yn ddrwg, nid oedd ond un ateb.

'Na,' llefodd Sarah, 'wna i ddim torri 'ngwallt. Unrhyw beth ond hynny!' Gafaelodd mewn cudynnau o'i gwallt a'u tynnu'n dorch tynn ar ei gwar, gan geisio eu cuddio yn ei dwrn. Safodd Edith o'i blaen, yn dal siswrn. Ni ddywedodd air, dim ond sefyll yno'n syllu'n galed ar ei ffrind. O'r diwedd, ildiodd Sarah, ac eistedd o flaen Edith.

Heb air, dechreuodd Edith ar ei gwaith. Er bod Sarah yn gwingo bob tro y byddai'r siswrn yn gwanu drwy'i gwallt, ni fu iddi na chrio na chwyno. Disgynnai'r cudynnau, bron fel dagrau, gan gasglu'n bwll o gwmpas ei thraed.

Yn ystod y dyddiau nesaf, roedd Sarah yn ddistaw a thawedog iawn, fel petai ei hysbryd wedi'i dorri i ganlyn ei gwallt, ei llygaid yn drist a phŵl, a golwg bell arni.

'Paid â bod mor ddigalon, Sarah, plis,' erfyniodd Edith, gan geisio rhoi'n ôl beth o'r gobaith a roesai ei ffrind iddi hi. 'Mae dy wallt di'n siŵr o dyfu eto, gei di weld.' Ond ni chafodd unrhyw ymateb. P'un bynnag, gwyddai Edith nad colli'i gwallt prydferth yn unig oedd yn gwneud Sarah mor ddigalon, ond colli popeth – ei theulu, ei rhyddid, a'i hunaniaeth.

Ceisiodd Edith godi calon Sarah drwy ymddangos yn galonnog, er ei bod hithau'n teimlo'r un mor drist â'i ffrind. Roedd cuddio fel hyn yn llawer anoddach na chuddio yn Moissac neu wersylla yn y goedwig. Yma, roedd yn rhaid i Edith guddio pwy oedd hi. Gwyddai nad oedd modd codi calon Sarah, ac nid oedd ganddi'r ynni i ddal ati i ymdrechu. P'un bynnag, problemau pitw oedd llau a budreddi o'u cymharu â gorfod celu pwy oeddech chi – a llwgu.

Roedd Edith ar ei chythlwng drwy'r amser. Gan fod y dogni bellach mor llym, y cyfan a gâi i'w fwyta rai dyddiau oedd uwd i frecwast a chawl yn cynnwys un darn o daten i ginio. Ac i swper, stwnsh cennin dyfrllyd, cymysgfa mor erchyll fel bod yr arogl yn ddigon i droi ar ei stumog. Doedd hi'n ddim ond croen ac asgwrn. I wneud pethau'n waeth, byddai merched y ffermydd yn gwneud sbort o'r bwyd gwael a'r dogni yn y dinasoedd ac yn cystadlu â'i gilydd wrth ddisgrifio'r cynnyrch ffres, cig, a chaws oedd yn disgwyl amdanynt ar benwythnos. Ni allai Edith a Sarah ond gwrando arnynt a breuddwydio am fwyd.

'Pan a' i adra, mi dw i'n mynd i gael llond powlen fawr o gawl, a llwythi o datws stwnsh, a hufen iâ a tharten ffwythau a . . .'

Roedd Edith a Sarah yn cerdded yn yr iard un bore Sul. Yma, allan o glyw pawb, gallent siarad heb fod ofn dweud rhywbeth fyddai'n datgelu mai Iddewon oedden nhw.

Nodiodd Sarah gan wneud ymdrech i wenu. 'Yr unig beth dw i ei eisiau ydi mynd adre.'

'Wn i, ond alla i ddim peidio sôn am fwyd.' Roedd Edith yn gwneud ei gorau i anwybyddu'r anobaith yn llais Sarah. 'Rydw i am gael croissant hefyd – deg ohonyn nhw falla – neu lond bag anferth o felysion.'

Roedd y genethod yn gyfarwydd iawn â'r iard. Yma, yn y cwr pellaf, y bydden nhw'n dawnsio bob nos Wener, gan ddymuno Sabbath heddychlon arall i Suzanne ac Ida. Ond tynnwyd eu sylw'r tro hwn i gyfeiriad arall, lle'r oedd y cwc yn taflu rhywbeth o sosban i fin mawr. Wedi iddi grafu ac ysgwyd y sosban, dychwelodd i'r gegin.

'Tyd yn dy flaen,' meddai Edith. 'Gad i ni weld be sydd 'na.' Arweiniodd Sarah at y bin sbwriel. Syllodd y genethod o'u cwmpas yn ofalus er mwyn gwneud yn siŵr na allai neb eu gweld, ac yna sbecian i mewn. Roedd yr arogl yn llenwi'u ffroenau – cymysgfa o lysiau'n pydru a chig yn madru. Ond gwelodd Edith rywbeth yng nghanol y pydredd.

'Edrych,' meddai. 'Rydw i'n meddwl fod 'na fwyd yn fan'na.'

Edrychodd Sarah o'i chwmpas yn ofnus. 'Mae'n well i ni fynd, neu helynt fydd 'na.'

'Fydda i ddim eiliad.'

Gwasgodd Edith ei thrwyn cyn gwthio'i llaw i'r bin a thynnu swp o foron wedi pydru allan ohono.

Yna rhedodd y merched i gyfeiriad y cytiau. Unwaith yr oedden nhw'n ddiogel y tu mewn, archwiliodd Edith y swp moron gan rwbio'r baw i ffwrdd a thorri'r darnau oedd wedi llwydo gormod i'w bwyta.

'Dydi hwn ddim yn fwyd ffarm, ond mae o'n well na dim,' meddai gan wenu o glust i glust.

Rhoddodd hanner ei thrysor i Sarah, a gwenodd hithau'n ddiolchgar. Dechreuodd y ddwy fwyta. Roedd y cwc ar fai'n gwastraffu bwyd, meddyliodd Edith. Byddai'r rheolwraig o'i cho petai'n gwybod. Ond bu diofalwch y cwc o fantais i Edith a Sarah. Nid oedd moron wedi pydru erioed wedi blasu mor dda. Er nad oedd hi'n wledd, roedd y bwyd yn ddigon i lenwi rhai o gorneli gweigion stumog Edith. Gorffennodd y merched fwyta fel yr oedd clychau'r eglwys yn dechrau canu. Roedden nhw wedi colli pob cyfri o'r amser.

Pan gyrhaeddodd y ddwy y tŷ, roedd y rheolwraig yn dod allan o'i swyddfa. 'A lle'r ydach chi wedi bod?' gofynnodd yn chwyrn.

'Dim ond am dro yn yr iard, madame,' atebodd Edith, gan anadlu'n drwm.

Llygadodd Madame Picot y merched yn amheus. 'Wel, ewch i ymuno â'r lleill,' meddai o'r diwedd. 'Mae'n bryd mynd i'r eglwys.'

Ymunodd Edith a Sarah â'r rhes wrth gwt y rheolwraig, a chychwyn cerdded i gyfeiriad yr eglwys.

Gweddïo ar Dduw

Pan gafodd y merched wybod y byddai'n rhaid iddynt fynychu'r gwasanaethau eglwysig bob wythnos, roedd Edith wedi dychryn am ei bywyd. Un peth oedd dweud wrth bobl ei bod hi'n Babydd, ond peth arall oedd ymddwyn fel Pabydd. Byddai pobl eraill yn disgwyl iddi fod yn gyfarwydd â defodau'r Eglwys, a'r gwasanaeth Lladin. Roedd rhywun yn siŵr o sylwi mor anwybodus oedd hi, a darganfod pwy oedd hi o ddifri.

Ond nid oedd ganddi unrhyw ddewis. Gwyliodd y genethod o'i chwmpas a dynwared pob symudiad – penlinio pan oedden nhw'n penlinio, plethu'i dwylo, plygu'i phen, a'i chroesi ei hun mewn patrwm perffaith. Dysgodd yr ymatebion cywir yn Ffrangeg, a chymryd arni fwmian llafarganu pan oedd angen defnyddio Lladin. Cyn bo hir, daeth y ffugio'n beth cynefin a rhwydd.

Ni allai Edith beidio â rhyfeddu at wychder yr eglwys yn Ste-Foy-la-Grande, yr adeilad carreg anferth gyda'i ddau dŵr uchel a chroes fawr uwchben y drws. Disgleiriai pren tywyll, cyfoethog y seddau a threiddiai'r haul drwy wydrau lliw'r ffenestri gan daflu golau llachar, amryliw ar hyd yr eil. Roedd fel petai'r ddelw o'r Forwyn Fair yn gwenu i lawr arni gan estyn ei breichiau allan fel pe bai'n cynnig y cysgod a'r gofal yr oedd hi'n ysu amdanyn nhw. Er bod rhyfel yn bygwth y tu allan, yma, yn y lle hwn o addoliad, nid oedd ond heddwch a thangnefedd.

Cerddodd Edith yn hyderus i'w sêt a phlygu'i phen. Llithrodd yn nes at Sarah a phenlinio ar y glustog gul. Yna gwnaeth arwydd y groes, fel y gwnâi'r genethod eraill. Gyda dau fys cyntaf ei llaw dde, cyffyrddodd â'i thaclen, ei mynwes, ei hysgwydd chwith, ac yna'i hysgwydd dde. Wedi hynny, plethodd ei dwylo a chau ei llygaid.

Duw, dwyt ti ddim yn malio 'mod i'n cymryd arna bod yn Babydd, wyt ti? gofynnodd Edith yn dawel bach. Gwyddai mai Duw oedd Duw, waeth ble roeddech chi na sut yr oeddech chi'n gweddïo. Roedd Duw'r eglwys yr un â'r Duw yr oedd hi'n ei adnabod, ac arno ef yr oedd hi'n gweddïo.

'Cadw Mutti a Tada'n ddiogel. Gwylia dros Gaston a Therese a phob un o blant Moissac. Gofala am Shatta, Bouli, Germaine a Henri. Mae Sarah mor ddigalon. Wnei di edrych ar ei hôl a'i helpu i wenu unwaith eto? A, Duw,' sibrydodd, 'rydw i'n ceisio bod yn ddewr, ond mae arna i andros o ofn bod yma. Os gweli di'n dda, wnei di fy helpu inna hefyd?'

Agorodd Edith ei llygaid a syllu ar y ddelw o'r Forwyn Fair – ei llygaid tyner a'i breichiau agored. Daeth awydd sydyn drosti am gael ei bwrw ei hun i'r breichiau mamol. Roedd yr offeiriad yn llafarganu a'r gynulleidfa'n ateb, gan atgoffa Edith o'r gwasanaethau y byddai'n eu mynychu yn y synagog yn Fienna, sawl blwyddyn yn ôl bellach. Nid oedd wedi deall geiriau Hebraeg y rabbi mwy na Lladin yr offeiriad, ond roedd hi'n mwynhau'r siantiau syml, fel yr oedd hi bryd hynny.

Roedd y gwasanaeth drosodd yn llawer rhy fuan. Cododd aelodau'r gynulleidfa ar eu traed, ac aeth Edith i'w dilyn. Wrth eu gweld yn croesi'u hunain, gwnaeth Edith yr un peth. Yn sydyn, clywodd Sarah, oedd yn sefyll wrth ei hochr, yn tynnu'i gwynt ati a rhewodd Edith. Edrychodd y ddwy eneth ar ei gilydd, gan sylweddoli'r un eiliad fod Edith wedi'i chroesi ei hun â'i llaw chwith yn hytrach na'i llaw dde.

Gallai Edith glywed ei chalon yn curo fel gordd a theimlo'r chwys yn torri allan ar ei thalcen. Llifodd y gwrid i'w hwyneb. Roedd gwneud arwydd y groes yn beth mor syml fel bod gwneud camgymeriad fel hwn mewn eglwys Gatholig bron fel datgelu i'r byd mai ffugiwr oeddech chi. Daeth geiriau Shatta i'w meddwl: 'Does yna'r un camgymeriad i fod. Fe fydd eich diogelwch chi'n dibynnu ar hynny.'

Roedd Edith nid yn unig wedi peryglu ei bywyd ei hun, ond efallai wedi rhoi Sarah a'r lleill mewn perygl hefyd. Syllodd yn bryderus ar wynebau'r bobl o'i chwmpas. Oedd rhywun wedi sylwi? Gwelai ddynion a merched yn ysgwyd dwylo ac yn cyfarch ei gilydd, gan ddymuno heddwch a diwedd buan i'r rhyfel.

Nid oedd neb wedi talu unrhyw sylw iddi.

Estynnodd Sarah ei llaw i'w ffrind a cherddodd y ddwy'n gyflym allan o'r eglwys.

'Roedd hynna am y dim,' sibrydodd Edith.

Nodiodd Sarah. 'Ro'n i'n meddwl fod Jeanette oedd nesa ata i wedi sylwi, ond dydw i ddim yn credu 'i bod hi.' Fel y gweddill o'r merched, roedd Jeanette yn piffian chwerthin ac yn sgwrsio â'i ffrindiau, gan anwybyddu Edith a Sarah fel arfer. Am unwaith, teimlai Edith yn falch ei bod hi a Sarah bron â bod yn anweledig. Roedd hynny'n golygu na fyddai neb yn debygol o sylwi ar gamgymeriadau. Ond byddai'n rhaid iddynt fod y tu hwnt o ofalus, er hynny.

Bu Edith yn poeni am weddill y diwrnod. *Efallai na ddylwn i adael yr ysgol*, meddyliodd. *Efallai y dylwn i aros i mewn ac osgoi llefydd lle byddai un llithriad bach yn ddigon i 'mradychu i.*

Teimladau cymysg iawn oedd gan Edith pan aeth i ddilyn Madame Picot a'r merched eraill ar y siwrnai arferol i'r siop-bob-peth yn y dref drannoeth. Yno, byddai madame yn prynu nwyddau ar gyfer yr ysgol – a'r merched yn cario'r paciau. Byddai Edith yn meddwl yn aml beth oedd yn digwydd i'r holl nwyddau hynny. Yn sicr, nid oedd hi a'i ffrindiau o Moissac byth yn gweld na'r sebon na'r dillad y byddai madame yn eu prynu.

Cerddodd Edith yn araf i fyny ac i lawr y siop hanner gwag, gan archwilio'r eitemau prin ar y silffoedd a llenwi'r bylchau â'r holl bethau yr hoffai hi eu prynu. Cyn pen dim, roedd hi wedi ymgolli mewn atgofion plentyndod o Therese a hithau'n chwarae 'siop fach'.

'Mi gymra i botel o bersawr, a dau far o sebon. O na, nid y persawr yna – yr un drud iawn.'

Rhuthrai Therese, y siopwraig, i estyn y pethau yr oedd ei chwsmer ifanc wedi gofyn amdanynt. 'Wrth gwrs, mademoiselle, dim ond y gorau.'

'Yna, mi gymra i ddwy botel. Fyddwch chi cystal â'u lapio nhw, os gwelwch chi'n dda?'

Wrth i'r atgof o'r dyddiau diofal hynny lifo drosti, estynnodd Edith ei llaw allan i gyffwrdd y rubanau lliwgar oedd yn cael eu harddangos ar fwrdd. Ysai am gael un ohonynt i'w glymu yn ei gwallt, fel y byddai Mutti'n arfer ei wneud. Roedd hi gymaint ar goll yn ei breuddwydion hapus fel na sylwodd fod rhywun wedi oedi ac yn sefyll yn union o'i blaen.

'Helô, eneth fach.'

Edrychodd Edith i fyny mewn braw i wyneb un o filwyr y Natsïaid.

'Helô,' meddai'r milwr wedyn.

'Bonjour. Bore da,' mwmiodd Edith, gan dagu ar y geiriau.

Crechwenodd y milwr arni. Roedd yn dal a chyn sythed â saeth, a'i freichiau wedi'u plethu ar draws ei frest. Gallai glywed gwich ei esgidiau uchel duon wrth iddo siglo fymryn yn ôl a blaen.

'Be ydi d'enw di?' Gwyrodd y milwr tuag ati. Gallai Edith arogli mwg sigaréts arno.

'Edith,' meddai mewn llais cryglyd. 'Edith Servant.'

'Edith,' meddai yntau'n bwyllog, gan syllu arni o'i chorun i'w sawdl. 'Enw Almaenig, ia?'

Roedd pen Edith yn chwyrlïo. Be oedd o'n ei feddwl? Oedd o wedi clywed rhywbeth yn ei hacen nad oedd yn swnio'n Ffrengig? Oedd o wedi dyfalu mai Iddewes oedd hi? A fyddai'n ei llusgo i ffwrdd? Yn ei saethu? Rhuthrodd yr holl bethau hyn drwy feddwl Edith wrth iddi wynebu'r milwr. Yna'n sydyn, gwyddai beth i'w ddweud.

'Enw Ffrengig ydi Edith,' atebodd, gan syllu i fyw llygaid y milwr. 'Ydach chi ddim wedi clywed am Edith Piaf?' Edith Piaf oedd hoff gantores y Ffrancwyr. Byddai ei llun yn ymddangos mewn cylchgronau a phapurau newydd, ac roedd pawb yn gyfarwydd â'i chaneuon.

Oedodd y milwr am foment, ac yna rhoddodd chwerthiniad bach. 'Ia, wrth gwrs. Clyfar iawn, llwyd bach y to, yn union fel Edith Piaf.' Pwysodd ei law'n ysgafn ar ei phen cyn symud ymlaen.

Caeodd Edith ei llygaid yn dynn, gan geisio rheoli'i chryndod. Roedd y milwr yn siŵr o fod wedi synhwyro mai Iddewes oedd hi, ond wedi dewis anwybyddu hynny. Efallai fod ei hateb parod wedi ei oglais. Yn sicr, roedd hwnnw wedi arbed ei bywyd.

'Wyt ti'n iawn?' Agorodd Edith ei llygaid i weld Sarah yn syllu arni.

'Welaist ti be ddigwyddodd?' holodd Edith.

Nodiodd Sarah.

Dyna'r eildro iddi ddod o fewn dim i gael ei darganfod, meddyliodd Edith, wrth iddi ddilyn Sarah a'r lleill allan o'r siop ac yn ôl i'w hysgol. Roedd hynny'n gwneud dau brofiad brawychus iawn, ac yn fwy nag y gallai hi ddelio â nhw mewn deuddydd; yn fwy nag y gallai'r rhan fwyaf o bobl ymdopi â nhw mewn oes gyfan.

Ebrill 1944
Tristwch Sarah

Am ddyddiau wedyn, ni allai Edith gael y milwr allan o'i meddwl. Gallai ddal i glywed gwich ei esgidiau ac arogli drewdod y mwg sigaréts. Roedd ei breuddwydion yn llawn o filwyr yn ei phledu â chwestiynau wrth iddi ei chroesi ei hun drosodd a throsodd â'i llaw chwith.

Byddai'n deffro'n ddryslyd ac yn ffwndrus. *Ble rydw i?* gofynnai iddi ei hun, wrth iddi orwedd yn y tywyllwch. *Pwy ydw i?* holai pan fyddai'n eistedd wrth ei desg yn yr ysgol. *Wnes i ddweud wrth y dyn llefrith fod fy rhieni i wedi marw? O ble rydw i'n dod? Lle ce's i fy ngeni?* A drwy'r amser, gallai glywed geiriau olaf Mutti. 'Cofia pwy wyt ti.' *Pwy ydw i*, meddyliodd, *a finna'n dweud celwyddau bob dydd wrth bawb o 'nghwmpas?*

Aeth wythnosau heibio cyn i wewyr y diwrnod hwnnw bylu'n fud boen. Gwthiodd Edith ef i gefn ei meddwl, lle na allai neb weld cymaint yr oedd o'n brifo. Dyna'r unig ffordd y gwyddai amdani er mwyn gallu dal ymlaen.

Hwn oedd diwrnod braf cyntaf y gwanwyn. Roedd Edith a Sarah wedi bod yn yr ysgol am saith mis. Sut oedd hynny'n bosibl? A fydden nhw'n treulio gaeaf arall yn cuddio fel hyn?

Eisteddai'r ddwy ar stepiau'r ysgol, yn gwrando ar y bomiau'n ffrwydro fel taranau yn y pellter. Un ffrwydrad, tawelwch, yna dau hwrdd cryfach. Roedd y ffrwydradau hyn yn digwydd yn rheolaidd bellach.

'Efallai fod y bomio'n beth da,' meddai Sarah yn betrus. 'Efallai fod hynny'n golygu y bydd y rhyfel drosodd yn fuan.'

Nodiodd Edith. Gwyddai fod awyrennau'r Cynghreiriaid yn agosáu at fyddinoedd Hitler.

Rai nosweithiau ynghynt, pan oedd Sarah a hithau'n chwilota am fwyd y tu allan i'r gegin, clywsai Franklin Delano Roosevelt, Arlywydd Unol Daleithiau America yn siarad ar y radio.

Hyd nes i'r fuddugoliaeth, sy'n sicr o ddod, gael ei hennill bydd yr Unol Daleithiau'n parhau â'i hymdrech i achub y rhai sy'n dioddef oherwydd creulondeb y Natsïaid. Bydd y llywodraeth hon yn defnyddio popeth o fewn ei gallu i helpu ac i sicrhau diogelwch pawb sy'n cael eu herlyn gan y Natsïaid.

Siaradai'r arlywydd yn Saesneg, iaith yr oedd Edith yn ei dysgu yma yn yr ysgol. Nid oedd yn deall pob gair, ond roedd rhai ohonynt yn ddigon clir. Onid oedd yr arlywydd wedi dweud, a hynny gydag awdurdod, 'y fuddugoliaeth sy'n sicr o ddod'. Golygai hynny ei fod yn hyderus y byddai'r Unol Daleithiau a'r Cynghreiriaid yn gorchfygu Hitler a'i fyddinoedd.

'Mae'n rhaid i ni obeithio fod hynny'n wir, Sarah,' meddai.

Uwch eu pennau, roedd dail yr ynn yn sibrwd ac yn siffrwd yn yr awel gynnes. Trodd Edith ei hwyneb at yr haul. Ymysg y dail gwyrdd tywyll, gallai weld cannoedd o ieir bach yr haf, eu hadenydd wedi'u cau'n dynn, yn glynu wrth y dail ac yn siglo yn y chwa ysgafn. Tra oedd hi'n eu gwylio, dechreuodd y gloÿnnod grynu, gan agor a chau eu hadenydd o liw oren llachar gyda streipiau du a gwyn yn eu britho. Yna, codi'n un haid a hedfan i ffwrdd, fel tuswau o flodau'n cael eu cario gan y gwynt.

Roedd Edith wedi cael ei swyno cymaint fel mai prin y sylwodd ar Sarah yn neidio i fyny ac yn rhedeg tuag at ddyn ifanc oedd yn sefyll wrth y giât agored. Pan edrychodd i'w cyfeiriad, gwelodd Sarah yn ei thaflu ei hun i'w freichiau.

'Jacques!' llefodd Sarah. 'Be wyt ti'n ei neud yma? Sut doist ti yma? Edith, Jacques, fy mrawd i, ydi hwn.' Roedd Sarah mor gynhyrfus fel ei bod hi'n baglu dros ei geiriau.

Dyn ifanc tal, tenau oedd Jacques, ei ddillad yn rhacsiog ac yn hongian yn llac amdano. Tynnodd ei gap a thaflu cipolwg nerfus o'i gwmpas. 'Rydw i wedi bod yn teithio am wythnosau, Sarah,' sibrydodd, 'yn chwilio ym mhobman amdanat ti. Mi ddois i o hyd i Germaine, dy gynhorwr di yn Moissac, o'r diwedd. Mi ge's i dipyn o drafferth ei pherswadio hi 'mod i'n frawd i ti a'i chael hi i ddweud wrtha i ble i ddod o hyd i ti.' Gwenodd yn gam. 'Dydw i ddim yn credu ei bod hi'n hoffi 'ngolwg i.'

Bron nad oedd Sarah yn dawnsio yn ei chyffro. 'Y peth pwysig ydi dy fod ti yma.' Yna edrychodd o'i chwmpas a gostwng ei llais. 'Ond fedri di ddim aros, Jacques. Mae pawb yn meddwl mai plant amddifaid ydan ni, heb berthynas yn y byd. Ond plis gad i mi wybod sut wyt ti, a sut mae Maman a –'

Torrodd Jacques ar ei thraws. 'Does gen i fawr o amser, Sarah. A does 'na ddim ffordd garedig o dorri'r newydd i ti. Mae Maman wedi marw. Annwyd ar ei brest. Mi wnes i 'ngorau i ddod o hyd i ddoctor, moddion, ond allai neb ein helpu ni.'

Bu Jacques a'i fam yn cuddio mewn ysgubor – roedd y ffermwr yn fodlon gadael i'r ddau aros yno ond iddynt beidio achosi helynt. Disgrifiodd fel yr aeth mam Sarah yn wannach a gwannach, nes nad oedd ganddi nerth yn weddill i ymladd y salwch. Roedd Jacques wedi'i chladdu yn un o gaeau'r ffermwr cyn cychwyn allan i chwilio am Sarah. Wrth i'w brawd adrodd yr hanes, gallai Edith weld Sarah yn cilio'n ôl i'w chragen.

'A Tada?' sibrydodd Sarah.

Ysgydwodd Jacques ei ben. 'Dim gair.'

'Be amdanat ti, Jacques?' holodd Sarah. 'Be wyt ti'n mynd i'w neud?'

'Rydw i am ymuno â'r Gwrthsafiad. Rŵan fod Maman wedi marw, rydw i'n rhydd i fynd.'

Tro Sarah oedd hi i ysgwyd ei phen. 'Rhydd?'

'Yn ddigon rhydd,' atebodd Jacques, gan godi'i ysgwyddau.

Arhosodd ychydig funudau'n rhagor. Yna cofleidiodd Sarah a ffarwelio ag Edith, cyn cerdded i lawr y llwybr ac allan drwy'r giât.

Eisteddodd y ddwy eneth ar garreg y drws, heb ddweud fawr ddim. Gwibiodd glöyn byw heibio i wyneb Edith ac yna esgyn yn uchel i'r awyr las, glir. Funudau ynghynt roedd yr awyr yn llawn o'r pilipala cain. Bellach, nid oedd yno ddim o'u hôl.

Mae hyn yn beth mor greulon, meddyliodd Edith. Newydd weld y gloÿnnod yn dod yn fyw yr oedd hi pan gyrhaeddodd Jacques i ddweud wrth Sarah fod ei mam wedi marw. Bywyd yn dechrau a bywyd yn darfod. Plethodd Edith ei braich am ysgwydd Sarah ac eisteddodd yno gyda'i ffrind nes y daeth yn amser dychwelyd i'r dosbarth.

Y Bomio

Prin y bu i Sarah ddweud gair am weddill y diwrnod, ac ni wnaeth Edith unrhyw ymdrech i siarad â hi. Be oedd yna i'w ddweud? P'un bynnag, ni allai Edith feddwl am ddim ond ei mam ei hun.

Ai bod yn hunanol yr oedd hi, meddyliodd, wrth ganolbwyntio ar ei theulu ei hun pan oedd Sarah yn byw hunllef? Ond ni allai wneud dim i rwystro hynny. Oedd Mutti'n ddiogel? Oedd hi'n sâl, yn ymladd am ei bywyd? Ai Therese fyddai'r un nesaf i ddod â newyddion erchyll i'r ysgol? Roedd yn amhosibl dychmygu hynny. Ond pwy allai fod wedi rhag-weld yr holl bethau oedd eisoes wedi digwydd yn ystod y misoedd a'r blynyddoedd diwethaf? Roedd y cyfan yn anghredadwy.

Wedi i'r gwersi ddod i ben y diwrnod hwnnw, eisteddodd Edith ar wely Sarah, yn gafael yn llaw ei ffrind. Gorweddai Sarah yn dawel a gwelw, a'i llygaid ar gau. Ar y dechrau, prin y sylwodd Edith ar sŵn aneglur awyrennau a'r ffrwydradau gwan yn y pellter. Ond cynyddodd grwnan y peiriannau cyn pen dim.

'Dyna beth od,' meddai Edith. 'Mae'n swnio fel petai'r awyrennau'n hedfan y ffordd yma. Efallai mai troi ar gylch maen nhw, yn ôl at eu targedau.'

Ond tyfodd yr hymian yn rymblan a'r rymblan yn rhuo, nes ymddangos fel petai'r awyrennau'n anelu'n syth am yr ysgol.

Gwasgodd Edith law Sarah yn dynnach. 'Sarah,' meddai'n daer, 'mi dw i'n meddwl fod yn well i ni –'

Drylliodd y ffrwydrad y ffenestr uwchben y gwely. Plymiodd Edith a Sarah i'r llawr, gan gydio'n dynn yn ei gilydd a gorchuddio'u pennau. Crynodd y llawr, gan daflu Edith a Sarah yn erbyn ei gilydd, ac yna yn erbyn ffrâm y gwely. Treiddiodd chwiban fain drwy'r awyr.

'Mae 'na un arall yn dod!' sgrechiodd Edith.

Ffrwydrodd y bom nesaf yn y fynwent gyferbyn. Atseiniai sŵn y tanio ym mhen Edith. Ffrwtiodd goleuadau'r ystafell, ac yna diffodd. Syrthiodd darluniau oddi ar y wal, ynghyd â thalpiau o blaster o'r nenfwd, a sbonciai darnau o wydr o gwmpas y llawr. Llanwyd yr ystafell â mwg a llwch. Gallai Edith glywed y merched eraill yn crio ac yn sgrechian mewn dychryn.

Ni allai anadlu. Roedd curiad uchel ei chalon fel petai'n boddi sŵn yr awyrennau. Byddai'r bom nesaf yn siŵr o daro'r ysgol. *Ai hyn ydi'r diwedd?* meddyliodd Edith. Ond clywodd lais y tu mewn iddi'n sgrechian, *Na! Wna i ddim marw fel hyn. Wna i ddim.*

Eiliadau'n ddiweddarach, dechreuodd y chwibanu eto, a chaeodd Edith ei llygaid. Ond y tro hwn, roedd y ffrwydrad ymhellach i ffwrdd, a'r danchwa a siglodd yr ystafell un waith eto, yn ysgafnach. Clywodd sŵn yr awyrennau'n rymblan draw i'r pellter, gan fynd yn wannach ac yn fwy aneglur, ac yna roedd pobman yn dawel.

Aeth sawl munud heibio tra oedd Sarah a hithau'n gorwedd o dan y gwely, yn gafael am ei gilydd ac yn crynu mewn tawelwch syfrdan. Nid oedd unrhyw smic i'w glywed o'u cwmpas. Roedd y distawrwydd yr un mor fyddarol â sŵn y bomiau. Yna, cododd Edith ei phen yn araf. 'Sarah, wyt ti'n iawn?'

Gorweddai Sarah ar ei hwyneb, yn hollol lonydd, ac un fraich dros ei phen. O'r diwedd, edrychodd i fyny ar Edith.

'Ydw, mi dw i'n iawn,' sibrydodd.

Ymlusgodd y ddwy allan yn ofalus, a'u hysgwyd eu hunain i geisio cael gwared â'r llwch a'r darnau gwydr. Roedd yr ystafell yn draed moch, a matresi, gobenyddion, a dillad wedi'u gwasgaru i bob cyfeiriad. Gorweddai darnau o silffoedd yng nghanol pentyrrau o wydr a phlaster. Camodd Edith a Sarah yn ofalus heibio i'r rwbel.

Eiliad yn ddiweddarach, rhedodd Madame Picot i mewn i'r ystafell. 'Ydi pawb yn iawn? Oes 'na rywun wedi brifo?' Roedd ei hwyneb a'i dillad wedi'u gorchuddio â llwch.

Pan welodd fod pawb yn iawn, ar wahân i rai cleisiau a sgriffiadau bach, anadlodd yn ddwfn. 'Wel, roedd hynna'n dipyn o antur. Does yna ond ychydig o silffoedd a ffenestri wedi torri. Dim byd na ellir ei drwsio.' Siaradai Madame Picot yn ddigyffro, ond sylwodd Edith fod ei dwylo'n crynu ryw fymryn. 'Iawn, mae'n rhaid mynd ati i glirio. Symudwch y gwlâu'n ôl i'w lle,' ychwanegodd. 'Byddwch yn ofalus wrth godi'r gwydr. Rydw i eisiau'r ystafell 'ma'n ôl mewn trefn ar unwaith.'

Mai 1944
Symud Eto

Yn ara deg a fesul tipyn, dechreuodd y merched ymateb i orchmynion y rheolwraig. Gwthiodd amryw ohonynt y gwlâu yn ôl i'w lle ac ysgwyd y darnau gwydr oddi ar flancedi a gobenyddion. Casglodd eraill y dilladau at ei gilydd a chodi'r darnau mwyaf o wydr yn ofalus. Estynnodd Edith am frwsh llawr a dechrau ysgubo. Roedd arogl mwg a llwch yn llenwi'r ystafell ac yn llosgi'i llygaid. Symudodd yn nes at y ffenestr er mwyn cael awyr iachach, ac edrych allan. Gwelodd bobl yn rhedeg o gwmpas gan gario bwcedi a phibelli dŵr i geisio ymladd y tân mewn adeilad cyfagos. Roedd y ddaear yn mygu, a'r tawch yn gwneud i'r fynwent ymddangos yn fwy iasoer nag arfer.

Peth braf oedd cael rhoi pethau'n ôl yn eu lle. Roedd clirio'r llanastr fel cael gwared â digwyddiadau'r diwrnod. Drwy dacluso'r ystafell, fe allech gymryd arnoch nad oedd dim byd drwg wedi digwydd. Ond nid oedd modd dileu'r rhyfel.

Dros y dyddiau a'r wythnosau nesaf, a'r bomio'n parhau o gwmpas Ste-Foy-la-Grande, teimlai Edith yn llawn gobaith ac arswyd. Efallai fod yr awyrennau'n golygu y byddai'r rhyfel yn dod i ben yn fuan, y câi Hitler ei orchfygu, ac y gallai hithau ailafael yn ei bywyd. Ond roedd hi hefyd yn arswydo rhag i'r bomiau ei lladd cyn i hynny ddigwydd.

Oni fyddai'n beth eironig, meddyliodd Edith, ei bod wedi dod cyn belled â hyn, dim ond i gael ei chwythu'n ddarnau gan rai oedd wedi dod i'w hachub. Pan fyddai'r awyrennau'n rhuo uwchben, ysai am gael bloeddio, 'Genethod Iddewig ydan ni, yn cuddio yma. Peidiwch â'n brifo ni!' Ar ôl pob ymosodiad, gallai Edith anadlu'n rhwydd unwaith eto. Gallai obeithio eto y byddai'r rhyfel drosodd yn fuan, a hithau'n dal yn fyw.

Nod y bomwyr oedd dinistrio pontydd y rheilffordd gerllaw. Heb y rheilffordd, ni ellid cludo milwyr, nwyddau ac arfau yn effeithlon. Byddai byddinoedd Hitler wedi'u hynysu, ac yn brin o bob cyflenwad.

Cynyddodd y perygl i bobl y dref wrth i'r pontydd o gwmpas Ste-Foy-la-Grande gael eu bomio'n rheolaidd. Felly, nid oedd yn syndod clywed fod yr ysgol i gael ei chau a'r genethod i gael eu symud unwaith eto.

Germaine ddaeth â'r newydd. 'Mi fydda i'n eich symud chi oddi yma ar unwaith,' meddai'n blwmp ac yn blaen, wedi iddi gasglu Edith, Sarah, Ida, a Suzanne at ei gilydd. Roedd y rhan fwyaf o'r merched eraill eisoes wedi gadael y tŷ am eu ffermdai a'u cartrefi, a'r ysgol yn wag, fwy neu lai. 'Rydan ni wedi trefnu cartrefi i chi. Rwyt ti i ddod efo fi heddiw, Edith, ac mi ddo i i nôl y gweddill ohonoch chi fory.'

Torrodd Edith ar ei thraws i ofyn, 'Ydi Sarah ddim yn dod hefyd? Ydan ni ddim am gael aros efo'n gilydd?'

Ysgydwodd Germaine ei phen. 'Dim ond un eneth all pob teulu ei chymryd. Rydan ni wedi bod yn lwcus i ddod o hyd i rywun sy'n fodlon gwneud hynny. Rhaid i chi ffarwelio am rŵan.' Cododd Germaine ar ei thraed i derfynu'r cyfarfod. 'Dos i bacio'n sydyn, Edith, a tyrd i 'nghyfarfod i wrth y drws ffrynt. Does ganddon ni fawr o amser, ac mae gen i gymaint o bethau i'w gwneud.'

Wedi iddi adael, eisteddodd Edith a Sarah yn dawel, gan dal dwylo'n dynn.

'Wyt ti'n meddwl y gwelwn ni'n gilydd eto?' gofynnodd Sarah o'r diwedd mewn llais mor isel fel bod yn rhaid i Edith wyro ymlaen i'w chlywed.

'Wrth gwrs y gwnawn ni,' atebodd Edith, er bod y ddwy'n gwybod mai peth ffug oedd yr hyder yn ei llais. 'Fedri di ddim rhoi'r gorau iddi, Sarah. Rydan ni wedi dod yn rhy bell i hynny. Rhaid i ti fod yn ddewr.' Geiriau Mutti oedd y rhain. A heddiw, roedd Edith yn trosgwyddo'r un neges i Sarah.

'Mi dria i gofio,' atebodd Sarah wrth i'r ddwy gofleidio'i gilydd yn wresog.

Ystafell Marianne

Nid oedd ond prin ddwyawr o waith cerdded i'r fferm ar gyrion Ste-Foy-la-Grande. Swatiai'r ffermdy rhwng dau fryn bychan a llifai nant brysur heibio iddo. Gerllaw'r tŷ roedd ysgubor bren a chae mawr wedi'i amgylchynu â waliau cerrig. Ynddo, roedd pedair buwch yn yfed o gafn. Wrth i Edith a Germaine nesáu at y tŷ agorodd Monsieur a Madame Merleau y drws a gwahodd yr ymwelwyr i mewn.

'Rydan ni'n gwybod y cyfan amdanoch chi,' meddai Monsieur Merleau, pan oedden nhw i gyd wedi setlo wrth y bwrdd i fwynhau pryd o bysgodyn wedi'i grilio, tatws, a bara ffres. Dyma'r math o wledd y bu Edith a Sarah yn breuddwydio amdani. Estynnodd Edith am dafell o fara crystiog, ei orchuddio â jam, a'i wthio'n gyflym i'w cheg.

'Druan bach,' meddai Madame Merleau. 'Rwyt ti'n deneuach na'r mwya esgyrnog o 'nghywion ieir i. Ond mi roi i gig ar dy esgyrn di.'

Gan Madame Merleau yr oedd yr wyneb mwyaf caredig a welsai Edith ers amser maith. Er bod ei dwylo'n arw ac yn galed wedi blynyddoedd o weithio ar y fferm, roedd ei llygaid yn dyner. 'Mae'r hyn sydd wedi digwydd i'r Iddewon yn gywilyddus,' ychwanegodd, gan dywallt llond gwydraid o lefrith i Edith. 'Yn arbennig chi'r plant.'

'Ond awn ni ddim i sôn eto mai Iddewes ydach chi,' meddai Monsieur Merleau yn ei lais dwfn, mwyn. 'Fe allai hynny wneud pethau'n fwy peryglus i bawb ohonon ni. Rydan ni'n hapus eich bod chi yma efo ni, ac fe wnawn ni gadw'ch cyfrinach chi'n ddiogel.'

'Dydan ni ddim ond yn gwneud yr hyn ddylai unrhyw un rhesymol ei wneud,' ychwanegodd ei wraig.

'Rhaid i chi 'ngalw i'n Oncle Albert, a 'ngwraig yn Tante Marie,' meddai Monsieur Merleau. 'Fe gewch chi gyfarfod eich cyfnither newydd, ein merch, Marianne, a'i darpar ŵr cyn bo hir. Rydan ni wedi dweud wrth y cymdogion efallai fod ein nith yn dod yma i aros, felly –'

Torrodd Madame Merleau ar ei draws. 'Dyna ddigon, Albert. Edrych ar y plentyn 'ma. Mae'i phen hi bron â chyffwrdd ei phlât. Mae hi angen cwsg.'

'Ydw, plis, Madame . . . y . . . Tante Marie.' Roedd yr holl ofnau y bu Edith yn eu storio y tu mewn iddi am gymaint o amser fel pe'n diflannu, gan ei gadael wedi ymlâdd. Ac yng ngwres croeso'r teulu Merleau prin y gallai gadw'i llygaid yn agored.

'Tyd, 'mechan i. Sgwrfa go dda, ac i'r gwely wedyn.' Edrychodd Tante Marie yn rhybuddiol ar ei gŵr. 'Fe all unrhyw eglurhad pellach aros tan y bore. Rŵan, Albert, dos i ddanfon mademoiselle yn ôl i'r ffordd os gweli di'n dda. Rydan ni d'eisiau di allan o'r gegin.'

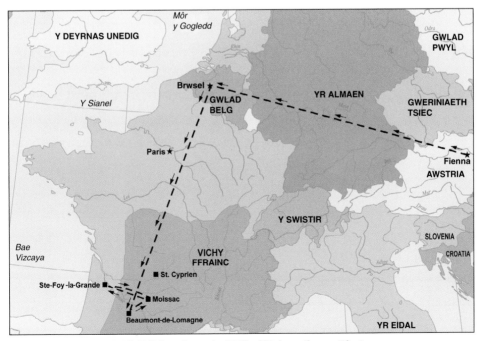

Taith Edith o Awstria i Wlad Belg a thrwy Ffrainc

113

Roedd sosbennaid fawr o ddŵr yn cynhesu ar y stof. Gafaelodd Tante Marie yn nillad mochynnaidd Edith a'u taflu i mewn i'r stof, yna'i sgwrio o'i phen i'w thraed, gan olchi'r holl fudreddi i ffwrdd. Safodd Edith o flaen y stof i'w sychu ei hun, derbyn coban lân yn ddiolchgar, ac yna mynd i ddilyn Tante Marie i ystafell wely glyd yng nghefn y tŷ. Roedd gwraig mewn ffrog llaes, a phlentyn bach yn ei breichiau, fel petai'n gwenu ar Edith o ddarlun ar y wal. Safai cist ddillad yn erbyn un o'r waliau, a gwely bach ar un arall.

Gafaelodd Tante Marie yng nghês Edith. 'Rydw i am gael gwared ar y dillad 'ma. Mi ro' i rai o'r ffrogiau sydd wedi mynd yn rhy fach i Marianne i ti. Fe fyddan nhw'n siŵr o dy ffitio di. Dim byd ffansi, dim ond dillad plaen, glân.' Tynnodd ei llaw dros dalcen Edith. 'Mi dw i'n gobeithio y byddi di'n hapus yma, 'mechan i. Nos da. Cysga'n dawel.'

Ond bu Edith yn gorwedd yn effro am amser hir, yn gwylio'r cysgodion yn tywyllu ac yn ymestyn dros y waliau. Cyn iddi fynd i Moissac, roedd hi wedi rhannu llofft â Therese. Ers hynny, roedd Sarah wastad wedi bod yno, yn y gwely nesaf ati. Yn sydyn, teimlai Edith yn unig iawn. Ysai am glywed sŵn anadlu rhywun arall. Am y tro cyntaf ers misoedd, byddai mor falch petai Sophie, ei dol, yn dal ganddi. Hiraethai am gael lapio'i breichiau am gorff meddal Sophie, a chladdu'i hwyneb yn ei gwallt a'i dillad.

Ond roedd yno rywbeth llawer gwaeth na'r teimlad hwn o unigrwydd. Treiddiai golau'r lleuad drwy dwll bach yng nghlawr y ffenestr gyferbyn â gwely Edith. Ac yn nhywyllwch ac unigrwydd y lle dieithr hwn, dechreuodd ei meddwl rasio. *Mae milwr yn mynd i ddod i'r cae a saethu drwy'r twll yna, ac fe fydd y bwled yn fy lladd i,* meddyliodd Edith yn wyllt. Symudodd i'r chwith, ac yna i'r dde, ond roedd hi'n dal i fod yn union gyferbyn â'r twll. Roedd hi ar ben arni lle bynnag y gorweddai.

'Anadla,' gorchmynnodd, a sŵn ei llais yn atsain yng ngwacter yr ystafell dywyll. 'Anadla'n ddwfn.' Gorfododd ei hun i ymlacio, i ystwytho'i hysgwyddau, ac i anadlu'n rheolaidd. Yna meddyliodd am Mutti, fel y gwnâi bob tro pan oedd arni ofn. Roedd hi'n dal i gredu yn ei chalon fod Mutti'n ddiogel. 'Rydw i'n aros amdanoch chi, Mutti,' sibrydodd Edith i'r tywyllwch. Dyma be oedd yn ei chadw i fynd. Y gred y byddai hi a Mutti'n ôl efo'i gilydd cyn bo hir oedd yn rhoi nerth iddi. A meddwl am hynny a'i gwnaeth hi'n bosibl iddi gau ei llygaid a syrthio i gysgu.

Mehefin 1944

Ni chymerodd fawr o amser i Edith ddod yn gyfarwydd â threfn y fferm. Byddai'n deffro gyda'r wawr bob bore i odro'r gwartheg a'u gollwng i'r cae i bori. Yna, wedi iddi lanhau'r beudy, âi i'r tŷ i helpu i baratoi brecwast. Gwnâi Edith y tasgau hyn ag egni a brwdfrydedd. Daeth haul cynnes y gwanwyn â gwrid i'w gruddiau, a gallai deimlo'i breichiau a'i choesau'n cryfhau.

Yn ôl ei haddewid, llwyddodd Tante Marie i roi cig ar esgyrn Edith fesul tipyn. Fel y deuai ei stumog i ddygymod â rhagor o fwyd, câi ei chymell i fwyta cig a thatws, a menyn ar ei bara. Mewn mannau eraill, roedd y dogni'n llym, ond nid ar y fferm. Roedd y dyddiau o orfod chwilota am sbarion mewn biniau wedi mynd heibio.

Geneth fawr oedd Marianne Merleau, gyda gwên lydan, siriol, a phlethen drwchus oedd yn cyrraedd bron at ei gwasg, ac yn siglo'n ôl a blaen. Roedd yn atgoffa Edith o wallt prydferth Sarah cyn y llau pen. Deuai Martin, cariad Marianne, â melysion i Edith pan fyddai'n galw heibio – ac roedd hynny bron bob dydd. Byddai'n dilyn Marianne o gwmpas fel ci bach, ac yn dotio bob tro y câi wên ganddi. Roedd eu hoffter o'i gilydd mor amlwg fel ei fod yn gwneud i Edith wrido a phiffian chwerthin.

Un diwrnod heulog, ac Edith wedi bod yn aros ar y fferm ers rhai wythnosau, penderfynodd Marianne a Martin a hithau gael picnic mewn cae i fyny'r afon o'r tŷ. Taenwyd blanced yng nghanol y blodau gwylltion – blodau'r gwynt, coch, porffor a melyn, yr oedd Mutti mor hoff ohonynt, llygaid y dydd a lilïau gwynion. Troellai gwenyn o gwmpas yn swrth, a'u grŵn ysgafn yn gymysg â thrydar a chwiban robin goch ac adar y to.

Estynnodd Martin am ei glarinét a dechrau chwarae. Gorweddodd Edith yn ôl ar y flanced a gadael i'r haul a'r miwsig dreiddio i'w chorff. Rhwng cwsg ac effro, ar goll mewn amser, llifodd atgofion a darluniau drwy'i meddwl. Un munud, roedd hi'n cerdded ar hyd stryd yn Fienna efo Tada ar ddiwrnod braf fel hwn, a hithau'n gafael yn dynn ym mraich ei thad. Pylodd y darlun hwnnw, a gwelai Edith ei hun yn sefyll ar stepiau'r tŷ yn Moissac. Roedd Mutti'n cerdded i ffwrdd ac Edith yn galw'n daer arni. Aeth ennyd arall heibio. Y tro hwn, roedd Edith yn dawnsio'n hapus yn iard yr ysgol yn Ste-Foy-la-Grande a'r sêr yn disgleirio wrth iddi ddymuno Sabbath heddychlon i Sarah. Darlun o'i hystafell wely yn y ffermdy oedd yr un olaf iddi ei weld cyn syrthio i gysgu.

Breuddwydiodd ei bod ar ei phen ei hun a'r gwenyn yn grwnan yn ddioglyd uwch ei phen. Chwyddodd y sŵn wrth i ragor ohonynt droelli o'i chwmpas, ac yna chwyddo'n uwch fyth. Agorodd Edith ei llygaid a chodi ar ei heistedd mewn braw. Roedd hi'n gyfarwydd iawn â'r sŵn grwnan yna – awyrennau! Ac roedden nhw'n agosáu.

Edrychodd o'i chwmpas yn wyllt. Roedden nhw mewn cae agored, heb unman i gysgodi. 'Bomiau!' gwaeddodd. 'Mae'n rhaid i ni guddio.'

Lapiodd Marianne ei breichiau am Edith, gan ymdrechu i geisio rheoli'i chryndod. 'Edith, mae popeth yn iawn. Rwyt ti'n ddiogel efo ni. Awyrennau'r Cynghreiriaid ydyn nhw. Wnân nhw ddim ymosod arnon ni.'

Doedd hynny ddim yn wir. Onid oedd y Cynghreiriaid wedi bomio Ste-Foy-la-Grande? Roedd yn rhaid iddynt ddianc! Ond gafaelai Marianne yn dynn ynddi. Roedd y rhuo'n fyddarol erbyn hyn, yn dyrnu pen Edith ac yn diasbedain drwy'i chorff. Claddodd ei hwyneb yn ysgwydd Marianne.

'Agor dy lygaid, Edith!' gwaeddodd Marianne. 'Edrych!'

Agorodd Edith gil ei llygaid yn betrus. Roedd yno o leiaf ddeg o awyrennau'n hedfan yn isel mewn trefn. Yna gwelodd yr hyn oedd Marianne yn ceisio'i ddangos iddi.

Neidiai Martin i fyny ac i lawr, gan chwifio'i ddwylo ar yr awyrennau. Gwyliodd Edith yr awyren flaen yn gostwng un adain, fel petai'n chwifio'n ôl. Cododd Edith ei breichiau i'r awyr a chwerthin. Gwyddai bellach ei bod hi'n ddiogel.

Safodd yno nes i'r olaf o'r awyrennau ddiflannu dros y gorwel. Yna gofynnodd, 'Be ydi'r dyddiad heddiw? Mi dw i eisiau cofio hyn.'

Wedi iddi ystyried am funud, meddai Marianne, 'Mehefin y chweched.'

Gollyngodd Edith ei hun ar y flanced unwaith eto. 'Pen blwydd Mutti,' meddai mewn rhyfeddod. Gafaelodd Martin yn ei glarinét a chwarae fersiwn ddigri o 'Pen blwydd hapus'. Arwydd oedd hwn, meddyliodd Edith. Mae'r Cynghreiriaid yma – canai'r geiriau yn ei phen, drosodd a throsodd. Fe fydd y rhyfel drosodd yn fuan, ac fe ddaw Mutti i fy nôl i.

Yr Aduniad

Er na wyddai Edith hynny ar y pryd, roedd Mehefin 6, 1944, yn nodi digwyddiad llawer pwysicach na phen blwydd Mutti. Ar y diwrnod hwnnw, glaniodd dros gan mil o filwyr y Cynghreiriaid mewn miloedd o gychod ar arfordir Normandi yng ngogledd-orllewin Ffrainc. Nid oedd arweinwyr milwrol yr Almaen yn disgwyl yr ymosodiad hwn, a dechreuodd byddinoedd y Natsïaid ledled Ewrop gilio'n ôl. Er na ddaeth yr Ail Ryfel Byd i ben yn swyddogol tan mis Mai 1945, roedd y rhyfel drosodd yn Ffrainc erbyn Medi 1944.

Arhosodd Edith ar y fferm drwy gydol haf 1944. Yn ystod y cyfnod hwnnw gyda'r teulu Merleau, roedd hi'n hapus ac yn cael pob gofal. Yn bwysicach fyth, roedd hi'n ddiogel. Yna, ym mis Medi, cyrhaeddodd Germaine i fynd â hi'n ôl i Moissac.

'Mae Shatta a Bouli wedi dychwelyd i'r tŷ,' meddai Germaine. 'Rydan ni'n ceisio dod â'r plant i gyd yn ôl hefyd.'

Ffarweliodd Edith yn ddagreuol â Tante Marie, Oncle Albert, Marianne, a Martin. Roedden nhw wedi bod yn deulu iddi ar adeg pan oedd arni gymaint o angen eu maeth a'u gofal.

Er nad oedd y tŷ yn Moissac wedi newid dim o ran ei olwg, teimlai popeth yn wahanol. Roedd Edith yn ddeuddeg oed erbyn hyn, ac wedi cael oes o brofiadau, da a drwg, er pan fu yno ddiwethaf.

'Helô, 'mach i.' Daeth Shatta a Bouli allan i groesawu Edith, a'i chofleidio'n gynnes.

'Rydan ni mor falch dy fod ti'n ôl yn ddiogel,' meddai Bouli.

'Dos i mewn,' ychwanegodd Shatta. 'Fe gawn ni gyfle i siarad wedi i ti setlo i lawr.'

Roedd grŵp o gynghorwyr dieithr yn ticio enwau'r plant wrth iddynt gyrraedd.

'Be ydi d'enw di?' gofynnodd un ohonynt, gan fodio drwy'r rhestr enwau.

'Edith Serv . . . Na, arhoswch.' Oedodd Edith. 'Schwalb. Edith Schwalb. Dyna pwy ydw i,' cyhoeddodd. Y foment honno, roedd hi'n adfer ei henw a'r hunaniaeth y cawsai ei gorfodi i'w cuddio.

Ailadroddodd y cynghorwr yr enw. 'Mae ganddon ni Schwalb arall. Dyma fo.' Safai Gaston y tu ôl i Edith, a gwên swil ar ei wyneb.

'Gaston!' sgrechiodd Edith. Gafaelodd ynddo a'i chwyrlïo o gwmpas mewn cylch, gan weiddi'i enw drosodd a throsodd. Yna, camodd yn ôl i edrych arno. Er ei fod wedi tyfu gryn dipyn, roedd yn boenus o denau a'i lygaid yn ymddangos yn fwy digalon nag erioed. Ni allai hyd yn oed ddechrau dyfalu pa fath o fywyd a gawsai. Efallai y câi Gaston a hithau gyfle yn ystod y misoedd nesaf i sgwrsio a chyfnewid storïau. Efallai y gallent ddechrau deall beth oedd y rhyfel wedi'i wneud i'r naill a'r llall. Ond gallai hynny aros. Yr unig beth o bwys ar hyn o bryd oedd fod Gaston wedi dod drwyddi.

Yn ystod yr wythnosau nesaf, dychwelodd y plant a fu'n byw yn y tŷ yn Moissac, pob un yn ddiogel. Er bod yr aduniad yn un llawen, roedd gwirionedd creulon yr hyn yr oedden nhw wedi'i ddioddef i'w weld yn eu llygaid.

Nid oedd Edith wedi meiddio gobeithio y byddai'n cyfarfod Sarah byth eto. Ond un diwrnod ymddangosodd Sarah yn nrws yr ystafell wely.

Gafaelodd Edith yn dynn yn ei ffrind. 'Mae dy wallt di wedi tyfu'n ôl,' meddai o'r diwedd.

Plac yn Moissac wedi'i gyflwyno i Shatta a Bouli Simon
am eu gwaith yn gwarchod plant Iddewig yn ystod y rhyfel

Nodiodd Sarah, gan gyffwrdd ei phen yn swil. Roedd hi'n dal yr un mor dawel. Byddai'n cymryd amser hir iddi ddod allan o'i chragen – i ddechrau siarad a rhannu'i stori. Daethai diwedd y rhyfel â rhyddid i bawb. Ond roedd rhai, fel Sarah, yn dal yn gaeth mewn tristwch ac anobaith. Y cyfan allai Edith ei wneud oedd bod yno i'w ffrind – ysgwydd i bwyso arni a chlust barod i wrando a chydymdeimlo.

Un diwrnod tua diwedd Medi, eisteddai Edith ar garreg drws y tŷ. Roedd arwyddion cynnar yr hydref i'w gweld ym mhobman, y dail yn dechrau troi'n felyn, a'r awel fain yn darogan tywydd oerach. Ond roedd y blodau yn y cae yn dal ar eu gorau, a'r adar yn hedfan uwchben.

Cerddai pobl ar hyd strydoedd Moissac, gan fynd o gwmpas eu busnes fel petai'r rhyfel erioed wedi bod: âi mamau heibio law yn llaw â'u plant; gofalai'r masnachwyr am eu siopau; roedd ceir wedi ailymddangos ar y ffyrdd.

Gallai Edith weld dwy wraig yn y pellter, yn cario cesys bychain ac yn brasgamu i fyny'r ffordd i gyfeiriad y tŷ. Gadawsant y palmant, a throi i ddilyn y llwybr at y drws ffrynt.

Craffodd Edith ar y dalaf o'r ddwy. Roedd hi'n gyfarwydd â'r cerddediad yna, yn adnabod yr wyneb!

Llamodd oddi ar y stepen a rhuthro i freichiau Mutti.

Epilog – Dechrau o'r Newydd
1945 – Moissac

'Edrych, dydi'r lle ddim wedi newid o gwbwl!'

Safai Edith a Gaston unwaith eto o flaen y tŷ trillawr a'i waliau cerrig llwydion yn Moissac. Roedd y rhif 18 yn dal i ddisgleirio yn y golau a'r cloriau ffenestri, gyda'u patrwm cris-croes, wedi'u hagor yn llydan er mwyn gadael i'r haul dywynnu drwy'r ffenestri, yn union fel y gwnâi cynt. Chwythai awel ysgafn o gyfeiriad yr afon. Anadlodd Edith yn ddwfn, gan adael i'w meddwl grwydro'n ôl dros y flwyddyn a aeth heibio ers i'r rhyfel ddod i ben.

Profiad hapusaf ei bywyd oedd ei haduniad â Mutti a Therese. Symudodd y pedwar ohonynt i fyw mewn fflat bychan yn Beaumont-de-Lomagne. Dychwelodd Edith i'r ysgol, ymhellach fyth ar ei hôl hi gyda'i gwaith. Ac eto, roedd hi'n hapus, a'i bywyd yn gyflawn ar wahân i un darn coll – Tada.

Am wythnosau, bu Edith a'i theulu'n erfyn am rywfaint o'i hanes gan yr ychydig Iddewon a ddychwelai o'r gwersylloedd crynhoi. Gwnâi'r olwg wael a hunllefus oedd ar y bobl hyn i Edith deimlo'n euog. Sut y gallai hi fod wedi cwyno ynglŷn â'i sefyllfa yn Ste-Foy-la-Grande pan oedd y carcharorion yma wedi dioddef cymaint? Byddai'n troi ei phen draw rhag gorfod edrych ar eu cyrff esgyrnog ac yn gweddïo fod yn eu mysg rywun oedd â gwybodaeth am ei thad. Yna, un diwrnod, galwodd cefnder Edith, oedd wedi cael ei garcharu

123

yn yr un gwersyll â Tada, heibio i'r fflat gyda'r newydd y bu'r teulu'n arswydo rhagddo.

Wedi iddynt gael eu restio, meddai, aed â Tada ac yntau i'r gwersyll crynhoi yn Auschwitz. Pan ddaeth yr Americanwyr yno i'w rhyddhau ar ddiwedd y rhyfel roedden nhw, yn llawn bwriadau da, wedi gorfwydo'r carcharorion. Wedi blynyddoedd o gael ei lwgu, roedd Tada'n un o lawer na allai eu cyrff ddygymod â'r bwyd, a bu farw drannoeth.

Cafodd Edith ei sigo gan y newydd. Roedd hi wedi dal i obeithio y byddai ei thad yn dychwelyd at ei deulu, ati hi. Ond roedd Tada wedi marw, ac nid oedd ganddi bellach ond atgofion o'r gŵr cadarn, cariadus.

Ar ôl clywed y newydd, roedd Mutti fel petai'n heneiddio o flaen llygaid Edith. Roedd y wraig gref, brydferth hon, a ymladdodd mor galed i amddiffyn ei phlant trwy gydol y rhyfel, yn ddiysbryd, ac wedi blino'n lân. Fel yr âi amser heibio, sylweddolodd Edith fod gofalu am dri o blant yn ormod i Mutti. Nid oedd ganddi nerth ar ôl.

Yna, cafodd Edith syniad perffaith. 'Plis, Mutti, gadewch i mi fynd yn ôl i Moissac.' Roedd hynny mor syml, meddyliodd Edith. Fe âi i fyw i'r tŷ yn Moissac. Wedi'r cyfan, roedd hwnnw'n fwy o gartref iddi na Beaumont-de-Lomagne nac unman arall yn Ffrainc. Yno, ni fyddai'n faich ar neb. A hithau'n bedair ar ddeg oed, gallai helpu i ofalu am y plant eraill, fel y cynghorwyr ifanc a ofalai amdani hi yn ystod y rhyfel. Roedd hi wedi ystyried y cyfan yn ofalus. Âi â Gaston efo hi, a byddai Therese yn aros yma i edrych ar ôl Mutti.

Gwrthod wnaeth Mutti. A hithau ond newydd gael ei theulu'n ôl, sut y gallai oddef eu colli eto? Ond roedd Edith yn daer. Addawodd y byddai'n dod i weld Mutti cyn amled ag y gallai, yn union fel yr oedd Mutti wedi addo ymweld ag Edith yn Moissac. Bu'n erfyn ac yn ymbil, nes i Mutti dderbyn o'r diwedd fod hynny'n gwneud synnwyr, ac mai'r peth gorau dan yr amgylchiadau oedd i Edith a Gaston ddychwelyd i Moissac.

A heddiw safai Edith yno, a Gaston wrth ei hochr, yn syllu ar y tŷ oedd yn gartref iddi. 'Tyd,' meddai, gan wasgu llaw ei brawd. 'Fe awn ni i chwilio am Shatta.'

Aeth Edith a Gaston i mewn i'r tŷ, croesi'r cyntedd, ac oedi wrth y swyddfa. Curodd Edith yn ysgafn ar y drws.

'Entrez! Dowch i mewn,' clywodd lais yn galw.

Agorodd Edith y drws, a sbecian i mewn. Dyna lle roedd Shatta'n eistedd wrth y ddesg fawr bren. Cafodd un cip ar Edith a neidio ar ei thraed. 'Edith!' gwaeddodd. 'Mae mor braf dy weld ti! A Gaston. Mi wyt ti wedi tyfu cymaint!' Gwingodd Gaston wrth i Shatta ei gofleidio, ond roedd yn amlwg yn falch o'i gweld ac yn hapus o gael bod yn ôl. 'Am faint y gallwch chi aros?' gofynnodd Shatta. 'Fe wyddoch fod croeso i chi.'

Anadlodd Edith yn ddwfn. *Dyma'r trydydd tro i mi ddod i'r tŷ yma*, meddyliodd. Y tro cyntaf, roedd hi'n anfodlon, ac yn arswydo rhag cael ei gwahanu oddi wrth Mutti. Yr ail dro, fel yr oedd y rhyfel yn dirwyn i ben, daeth yma gyda Germaine, yn dal yn ansicr ynglŷn â'r dyfodol. Ond y tro hwn, teimlai Edith yn gryf ac yn gadarn. Ei dewis hi oedd dod i Moissac. Ei dewis hi oedd dod adref.

'Mi arhosa i yma tra bydd f'angen i, cyn belled ag y galla i fod o help.'

Arhosodd Edith yn Moissac tan 1949. Yna gofynnwyd iddi fynd i Baris i fod yn gynghorwr mewn cartref newydd i blant Iddewig amddifaid. Yno yn 1953, priododd Edith â Jacques Gelbard, oedd hefyd yn gweithio yn y cartref. Ddwy flynedd yn ddiweddarach, gadawodd Edith a Jacques Ffrainc a symud i Ganada. Yn 1956, daeth Mutti i fyw atynt, a bu Edith yn gofalu am ei mam am weddill ei hoes.

Heddiw, mae Edith yn byw yn ninas Toronto, a'i theulu o bedwar mab a naw o wyrion ac wyresau o'i chwmpas. Daeth Gaston yn ben-cogydd enwog yn Toronto, a rhoddodd gynnig unwaith ar fod yn faer y ddinas. Erbyn hyn, mae'r teulu Gelbard wedi bod yn cymryd rhan amlwg ym mudiad y Sgowtiaid am dair cenhedlaeth – teyrnged i'r gymdeithas a'i gwnaeth yn bosibl i Edith oroesi'r rhyfel.

Edith yn 1949

Gaston yng nghegin ei dŷ bwyta – flynyddoedd wedi'r rhyfel

Edith (rhes flaen, chwith) a merched o'r tŷ yn Moissac ar ôl y rhyfel. Maent yng ngwisg Sgowtiaid ac ar daith wersylla

Edith (de eithaf), y cynghorwr, a rhai o blant y cartref ym Mharis yn 1950

Edith (rhes gefn, dde) a rhagor y blant y cartref yn 1950

Priodas Edith a Jacques. Yn y darlun hefyd mae Therese (chwith eithaf), Gaston (yn eistedd o flaen Therese), mam Edith (de eithaf) a pherthnasau ifanc eraill.

Edith a Jacques Gelbard ym Mharis, 1950

Edith o flaen y tŷ yn Moissac

Edith yn sefyll wrth giatiau'r ysgol yn Ste-Foy-la-Grande

Edith yn Ste-Foy-la-Grande. Mae'r ysgol lle bu hi'n byw ar y dde, a'r fynwent ar y chwith y tu ôl i'r gwrych uchel

Sylwadau'r Awdur

Stori wir yw *Stori Edith*. Ganed Edith Schwalb yn Fienna, Awstria, yn 1932. Gadawodd y teulu Awstria fel yr oedd yr Ail Ryfel Byd yn agosáu, a chyrraedd de Ffrainc ymhen amser. Wedi i'w thad gael ei arestio gan y Natsïaid, aeth ei mam a'i chwaer i guddio yn y wlad, ac anfonwyd Edith a'i brawd, Gaston, i'r tŷ yn Moissac.

Cwpwl ifanc, Shatta a Bouli Simon, oedd yn gofalu am y tŷ a châi ei noddi gan Sgowtiaid Iddewig Ffrainc (Éclaireurs Israélites de France). Henri Milstein oedd arweinydd y côr, ac roedd Germaine

Plac wedi'i osod yn Moissac yn 1950 gan y plant oedd wedi goroesi'r rhyfel. Mae'n cynnwys y geiriau, 'I drigolion Moissac fu'n gwarchod ac yn helpu i arbed bywydau cannoedd o blant Iddewig yn ystod blynyddoedd tywyll goresgyniad yr Almaen'.

Goldflus yn un o'r cynghorwyr. Yno, daeth Edith a Sarah Kupfer yn ffrindiau agos. Am bedair blynedd, rhoddodd Shatta a Bouli loches i blant Iddewig yr oedd eu rhieni un ai wedi mynd i guddio neu wedi cael eu harestio gan y Natsïaid. O'r pum cant a rhagor o blant Iddewig fu'n byw yn y tŷ yn ystod y rhyfel, un yn unig a gollwyd. Aeth ei rhieni â hi oddi yno, yn groes i gyngor Shatta a Bouli. Cafodd y teulu eu harestio a'u hanfon i wersyll crynhoi.

Mai 2004 – Plant a oroesodd y rhyfel a thrigolion Moissac wedi ymgynnull o flaen y tŷ. Mae Edith yn sefyll tua'r canol mewn côt wen, a rhai o sgowtiaid ifainc yr ardal yn sefyll yn y tu blaen.

Gwyddai pawb yn Moissac am y tŷ a'i bwrpas, ac roedd croeso i'r plant yn yr ysgol leol. Ni fu i drigolion y dref erioed fradychu'r Iddewon oedd yn byw yn eu plith. Pan fyddai unrhyw fygythiad o du'r Natsïaid, anfonai'r maer air o rybudd i Shatta a Bouli. Âi'r plant i wersylla yn y bryniau o gwmpas Moissac a dychwelyd wedi i'r perygl fynd heibio.

Wrth ysgrifennu *Stori Edith*, rydw i wedi ceisio cadw'n driw i'w hanes fel plentyn cudd. Weithiau, ni allai gofio enwau rhai o'r bobl a gyfarfu yn ystod y rhyfel, a bu gofyn i mi ddyfeisio enw i sawl un. Ni fu i Eric Goldfarb ac Edith gyfarfod yn Moissac chwaith, er eu bod yno'r un pryd. Roedd Eric yn un ar bymtheg oed ac arhosodd yn Moissac am chwe mis cyn ymuno â'r Gwrthsafiad. Ond fe wnaeth y ddau gyfarfod, yn ninas Toronto, flynyddoedd lawer wedi'r rhyfel.

Ym mis Mai 2004, dychwelodd llawer o blant Moissac, yn cynnwys Edith, ynghyd â phlant ac wyrion ac wyresau Shatta a Bouli, i'r tŷ i gynnal defod o gofio. Dadorchuddiwyd dau blac; un i anrhydeddu Shatta a Bouli Simon, a'r llall i dalu teyrnged i gyn-faer a thrigolion Moissac oedd, ar y cyd, wedi mentro'u bywydau er mwyn arbed cannoedd o blant Iddewig.

133

Diolchiadau

Yn bennaf oll, mae fy niolch a'm gwerthfawrogiad i Edith Gelbard am rannu ei stori â mi. Y tro cyntaf i mi glywed Edith yn sôn am ei phrofiadau yn Moissac, roedd hi'n siarad â grŵp o fyfyrwyr. Llwyddodd i grynhoi ei stori mewn rhyw bum munud. Ac yn yr amser byr hwnnw, gwyddwn fy mod wedi clywed rhywbeth arbennig iawn, a 'mod i eisiau gwybod rhagor. Mae Edith wedi goddef miloedd o 'nghwestiynau yn amyneddgar, yn raslon ac yn wylaidd, ac wedi cynnal ei gwên ddymunol a'i chroeso cynnes drwy'r cyfan.

Cefais fy nghyflwyno i Eric Goldfarb, drwy Edith, a chael y pleser o'i gyfweld er mwyn llenwi rhai o fylchau'r stori hon. Yn anffodus, bu Eric farw ymhen ychydig wythnosau wedi i ni gyfarfod. Roedd yn ŵr dymunol, cynnes a ffraeth, ac rydw i mor falch ein bod ni wedi cael cyfle i sgwrsio. Rydw i hefyd yn ddyledus i Fée, ei wraig, am fod mor hael â rhannu lluniau a storïau Eric.

Diolch, fel bob amser, i Margie Wolfe, Gwasg Second Story, am gymryd diddordeb yn fy ngwaith a'm cymell i ddal ati. Rhan o Gyfres Cofio'r Holocost, creadigaeth Margie, yw'r llyfr hwn. Mae hi'n gweithio'n ddiflino i hyrwyddo llenyddiaeth yr Holocost i bobl ifanc, ac rydw i'n ei hedmygu ac yn ei pharchu'n fawr.

Diolch hefyd i Charis Wahl am ei hamynedd a'i hymroddiad wrth olygu'r gwaith. Diolch i ferched y wasg, Carolyn Wood, Melissa Kaita, Phuong Truong a Leah Sandals. Mae'n bleser cydweithio â chwmni mor ymroddgar a dawnus. Rydw i'n ddiolchgar i Gyngor Celfyddydau Ontario am ei gefnogaeth.

135

Mae gen i gylch anhygoel o ffrindiau a theulu. I'r rhai y bydda i'n eu gweld, yn sgwrsio â nhw, neu'n anfon e-bost atynt yn rheolaidd, i'r ysgrifenwyr yr ydw i wedi dod i'w hadnabod o fewn y gymdeithas, ac i'r rhai sy'n fy mwydo bob nos Wener, fy nghariad a'm diolch i chi i gyd.

Bob dydd o 'mywyd rydw i'n cael cwmni Ian Epstein, fy ngŵr, a'r plant, Gabi a Jake. Nhw sy'n rhoi modd i fyw i mi, synnwyr digrifwch a chariad, yn cadw fy nhraed ar y ddaear ac yn fy helpu i weld pethau'n gliriach.